N
S
Zuhause-
Experimente
für Vorschulkinder
AUSPROBIEREN + STAUNEN + VERSTEHEN
2+2=

circon

Impressum

Baierbrunner Straße 27, 81379 München
Ausgabe 2022

Text: Svenja Ernsten
Illustrationen: Lucie Göpfert
Redaktion: Jennifer Döhring
Produktion: Ute Hausleiter
Abbildungen: siehe Bildnachweis S. 111
Titelabbildungen: shutterstock.com: Titus Group (Hintergrund), Pixfiction (Magnet), Ruslan Semichev (Luftballon), Yeti studio 1 (Gummibärchen), Valentina Razumova (Pflanze), E_Vector (Lineal), primiaou (Doodles); Illustrationen: Lucie Göpfert
Umschlag- und Layoutgestaltung: Agentur Nemetz, Offingen

ISBN 978-3-8174-4285-0
381744285/1

Besuchen Sie uns auf Instagram und Facebook: circonverlag

www.circonverlag.de

Vorwort

Liebe Forscherin, lieber Forscher,

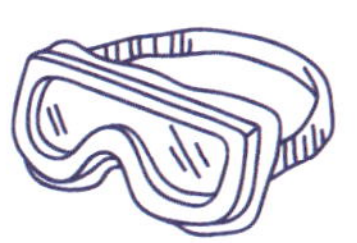

sicherlich hast du schon oft im Alltag experimentiert: Papierflieger gebastelt, überprüft, welche Dinge Magnete anziehen oder Schattenfiguren an die Wand gezaubert. In diesem Buch führen wir solche Experimente gemeinsam durch und erklären dir, warum Magnete bestimmte Gegenstände anziehen oder an der Wand ein lustiger Schatten entsteht, wenn du deine Hand davorhältst.

Es warten viele spannende Experimente aus den Bereichen Wasser, Luft, Schall, Magnete, Licht und Farben, Pflanzen, Lebensmittel und Kräfte auf dich. Alle Versuche sind prima geeignet, um sie drinnen durchzuführen.

Viel Spaß beim Experimentieren

Vorsicht!

Die meisten Experimente sind nicht besonders kompliziert. Aber manchmal kommen dabei gefährliche Dinge wie Messer, Scheren und Feuer zum Einsatz. Bitte zeige diese Experimente immer zuerst deinen Eltern und frage sie, ob du sie alleine machen darfst oder ob es besser ist, dass sie dich unterstützen.

Inhaltsverzeichnis

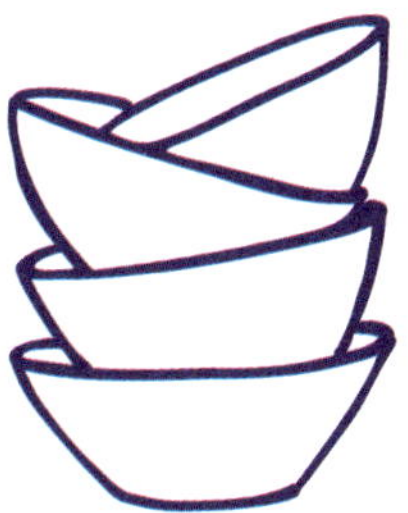

Seifenfische

Boote und Fische aus Papier schwimmen auf dem Wasser. Aber was passiert, wenn du etwas Spülmittel ins Wasser gibst?

Das brauchst du

- 1 Blatt Tonkarton
- Bleistift
- Schere
- wasserfeste bunte Stifte
- 1 Schüssel mit Wasser
- Spülmittel
- 1 Wattestäbchen

Du findest die Vorlage für die Fische auf Seite 105.

Mache dazu diesen Versuch

1. Übertrage die Vorlage des Fisches zweimal auf Tonkarton und schneide beide Fische aus. Wenn du möchtest, kannst du sie mit wasserfesten Stiften bunt anmalen.

2. Fülle eine Schüssel mit Wasser und lege die Fische am Rand der Schüssel vorsichtig auf die Wasseroberfläche.

3. Gib einen Tropfen Spülmittel auf das Wattestäbchen und tauche es hinter den Fischen ins Wasser ein.

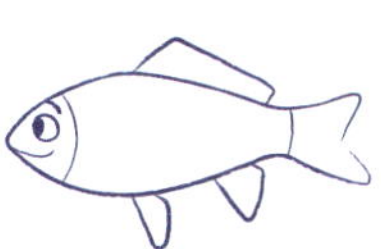

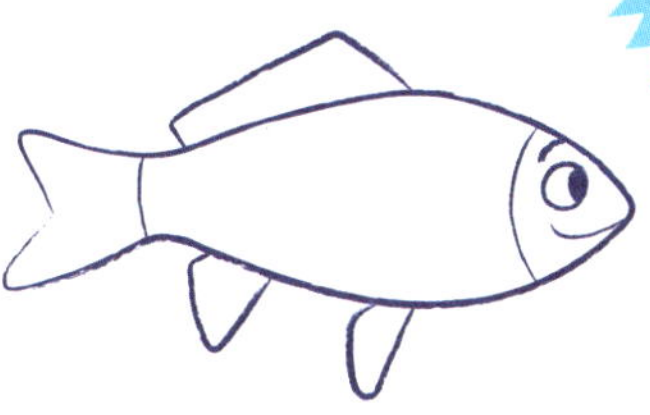

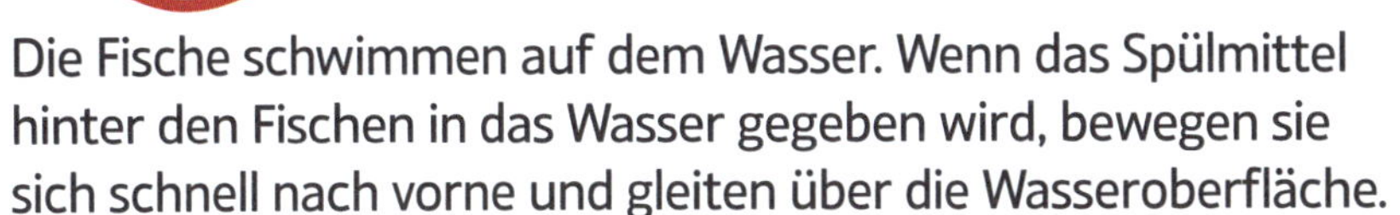

Die Fische schwimmen auf dem Wasser. Wenn das Spülmittel hinter den Fischen in das Wasser gegeben wird, bewegen sie sich schnell nach vorne und gleiten über die Wasseroberfläche.

Du kannst auch kleine Boote aus dem Tonkarton ausschneiden und diese über das Wasser flitzen lassen. Wenn das Experiment nicht mehr funktioniert, musst du das Wasser austauschen.

Das steckt dahinter

Wasser besteht aus vielen Wasserteilchen, die sich gegenseitig anziehen. Wissenschaftler*innen nennen diese Teilchen Moleküle. Besonders stark ziehen sich die Teilchen an der Oberfläche des Wassers an. Das nennt man auch Oberflächenspannung. Durch das Spülmittel wird diese Oberflächenspannung zerstört. Die Wasserteilchen bewegen sich vom Spülmittel weg und nehmen die beiden Fische dabei mit.

Zauberblume

Was passiert, wenn du eine zusammengefaltete Papierblume aufs Wasser legst? Glaubst du, die Blütenblätter können sich allein durch die Berührung mit dem Wasser wieder entfalten?

Das brauchst du

- 1 Blatt Papier
- Bleistift
- Schere
- wasserfeste bunte Stifte
- 1 tiefen Teller mit Wasser

Du findest die Vorlage für die Blume auf Seite 105.

Mache dazu diesen Versuch

1. Übertrage die Vorlage der Blume auf Papier. Male sie mit wasserfesten Stiften bunt an und schneide sie aus.

2. Knicke alle Blütenblätter an den gestrichelten Linien nach innen.
3. Fülle den Teller mit Wasser und stelle ihn auf einen Tisch.

4. Lege die zusammengefaltete Blume vorsichtig auf die Wasseroberfläche.

Sobald die Blume auf dem Wasser liegt, öffnen sich die Blütenblätter langsam und die Blume faltet sich auseinander.

Bevor du die Blume zusammenfaltest, kannst du in die Mitte ein Bild malen oder deinen Namen hineinschreiben. Wenn sich die Blütenblätter öffnen, kommt es zum Vorschein.

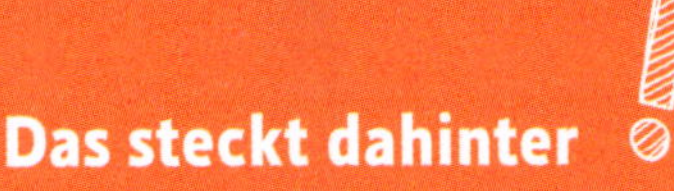

Das Papier saugt sich mit Wasser voll. Es sorgt dafür, dass sich das Papier ausdehnt. So bewegen sich die Blütenblätter der Blume nach außen.

Unterwasser-vulkan

Vulkane gibt es an Land und unter Wasser. Bei diesem Versuch kannst du einen Unterwasservulkan ausbrechen lassen!

Das brauchst du

- 1 großes durchsichtiges Gefäß
- 1 kleine Flasche
- 1 Faden
- Schere
- Tinte, zum Beispiel Tintenpatronen
- kaltes und warmes Wasser

Mache dazu diesen Versuch

1. Fülle das große Gefäß mit kaltem Wasser. Lass im Gefäß oben noch etwas Platz.
2. Binde einen Faden um den Hals der kleinen Flasche und lass ein längeres Stück überstehen.

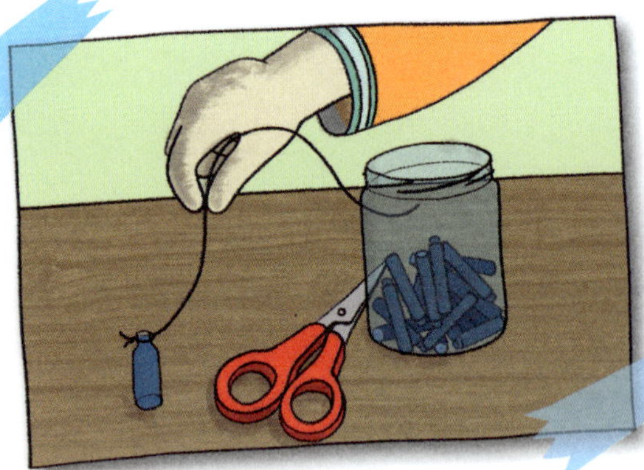

3. Fülle die kleine Flasche mit warmem Wasser und gib einige Tropfen Tinte hinein.

4. Lass die kleine Flasche mithilfe des Fadens vorsichtig in das große Gefäß hinab.
5. Warte einige Zeit ab.

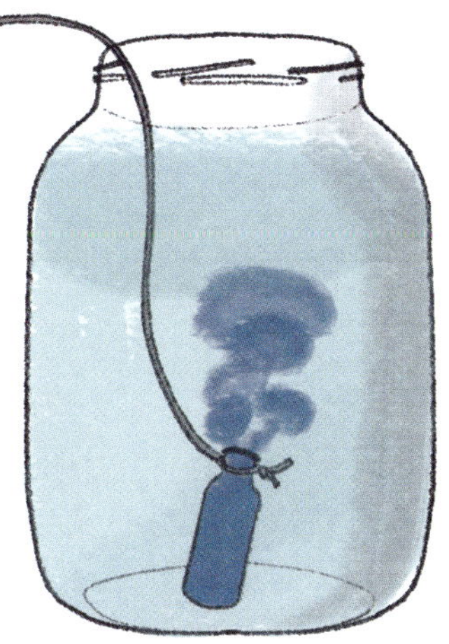

Das farbige Wasser aus der kleinen Flasche steigt, wie die Lava in einem Vulkan, im großen Gefäß nach oben. Nach einiger Zeit sinkt es wieder nach unten.

Du kannst das Wasser in der kleinen Flasche mit Lebensmittelfarbe einfärben. So wird deine Lava zum Beispiel rot!

Das steckt dahinter!

Wasser besteht aus vielen kleinen Molekülen. Wenn das Wasser warm ist, bewegen sich die Moleküle sehr schnell. Dadurch dehnt sich das Wasser aus und wird leichter. So steigt es im Gefäß nach oben. Kühlt sich das farbige Wasser mit der Zeit ab, wird es wieder schwerer und vermischt sich mit dem anderen Wasser.

Eiswürfel angeln

Kannst du Eiswürfel aus einem Glas herausfischen, ohne sie mit den Fingern zu berühren? Hier lernst du einen Trick kennen, mit dem das funktioniert! Du brauchst dafür lediglich eine einfache Angel.

Das brauchst du

- 1 Glas mit Wasser
- Eiswürfel
- 1 Holzstab
- 1 Wollfaden
- 1 Salzstreuer

Mache dazu diesen Versuch

1. Baue dir eine Angel. Befestige dazu den Wollfaden am Ende des Holzstabes, indem du ihn festknotest.
2. Fülle ein Glas mit Leitungswasser und gib einige Eiswürfel hinein.

3. Streue mit dem Salzstreuer etwas Salz auf einen Eiswürfel.

4. Lege das Ende des Wollfadens oben auf diesen Eiswürfel und warte einige Zeit ab.
5. Jetzt kannst du den Eiswürfel mit dem Wollfaden aus dem Wasser ziehen.
6. Angele auf diese Weise auch die anderen Eiswürfel aus dem Glas.

Der Wollfaden verbindet sich mit dem Eis und du kannst den Eiswürfel mit dem Wollfaden aus dem Glas ziehen.

Mithilfe von Salz kannst du auch einen Turm aus Eiswürfeln bauen. Streue dazu auf einen Eiswürfel etwas Salz und drücke einen weiteren Eiswürfel darauf. Befestige so mehrere Eiswürfel aufeinander.

Das steckt dahinter !

Wenn du Salz auf den Eiswürfel streust, schmilzt das Eis. Da der Eiswürfel aber sehr kalt ist, gefriert das Eis sofort wieder und der Faden, der sich direkt auf dem Eiswürfel befindet, friert an diesem fest.

Eisige Gummibärchen

Wenn du Gummibärchen in ein Glas Wasser gibst, sinken sie auf den Boden. Kannst du sie zum Schwimmen bringen?

Das brauchst du

- 1 Eiswürfelbehälter
- Gummibärchen
- Leitungswasser
- 1 Tiefkühltruhe
- 1 Glas

Mache dazu diesen Versuch

1. Lege einige Gummibärchen in einen Eiswürfelbehälter und fülle die Vertiefungen mit Wasser auf.

2. Stelle den Behälter für ungefähr einen Tag in eine Tiefkühltruhe.
3. Nimm die Gummibärcheneiswürfel am nächsten Tag aus dem Eisfach.

Gib die Eiswürfel in ein mit Wasser gefülltes Glas und beobachte, was passiert.

Die eingefrorenen Gummibärchen schwimmen oben im Wasser.

Wenn das Eis schmilzt, sinken die Gummibärchen langsam auf den Boden des Glases. Du kannst auch andere Gegenstände einfrieren, zum Beispiel kleine Figuren aus Plastik oder Holz.

Das steckt dahinter

Eis ist leichter als Wasser. Wenn die Gummibärchen sich im Eiswürfel befinden, sind sie ebenfalls leichter als Wasser und schwimmen daher an der Wasseroberfläche.

Das brauchst du

- 1 Glas
- Leitungswasser
- Pfeffer

Trockenes Wasser

Wenn du deinen Finger in ein Glas mit Wasser tauchst, wird er nass. Kannst du die Wasseroberfläche so verändern, dass dein Finger trocken bleibt, wenn du ihn eintunkst?

Mache dazu diesen Versuch

1. Fülle das Glas mit Leitungswasser.
2. Streue Pfeffer auf die Wasseroberfläche, bis diese dicht bedeckt ist. Jetzt darfst du das Glas nicht mehr bewegen.

3. Berühre jetzt mit deinem Finger vorsichtig die Wasseroberfläche.

Dein Finger wird nicht nass, er bleibt trocken.

Gib einen Tropfen Spülmittel auf die Wasseroberfläche. Dadurch wird die Oberflächenspannung zerstört. Die Pfefferkörnchen bewegen sich schnell von dieser Stelle weg und das Wasser wird sichtbar.

Das steckt dahinter !

Das Wasser besteht aus vielen Wasserteilchen, die sich gegenseitig anziehen. Besonders stark ziehen sich die Teilchen an der Oberfläche des Wassers an. Das nennt man Oberflächenspannung. Der Pfeffer ist leichter als Wasser und verstärkt somit die Oberflächenspannung. Das bedeutet, dass die Wasserteilchen noch fester zusammenhalten. So wird der Finger nicht nass.

Knetkugel und Knetboot

Schwimmt Knete im Wasser oder geht sie unter? Und was passiert, wenn du ein kleines Boot aus der Knetmasse formst?

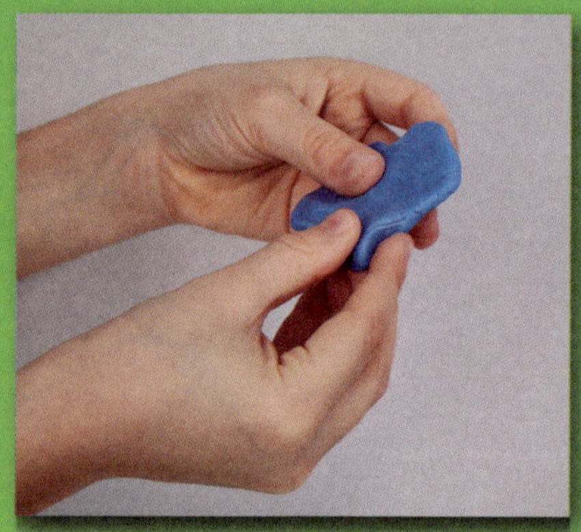

Das brauchst du

- 1 Gefäß
- Wasser
- 2 Stücke Knete

Mache dazu diesen Versuch

1. Fülle das Gefäß mit Wasser.
2. Forme aus dem ersten Stück Knete eine Kugel.

3. Gib die Knetkugel ins Wasser und beobachte, was passiert.

4. Forme aus der anderen Knete ein kleines Boot.

5. Setze das Boot vorsichtig aufs Wasser.

Die Knetkugel geht unter. Das Knetboot schwimmt.

Du kannst dein Knetboot mit Schrauben oder Muttern beladen. Wie viele Schrauben oder Muttern kann das Boot tragen, bevor es untergeht?

Das steckt dahinter

Die Knetkugel ist schwerer als Wasser und sinkt daher auf den Boden des Gefäßes. Das Knetboot hat eine größere Oberfläche. So wird mehr Wasser verdrängt und das Gewicht verteilt sich auf eine größere Fläche. Daher kann es schwimmen.

Wasser und Öl

Hast du schon einmal beobachtet, was passiert, wenn deine Eltern Wasser in eine ölige Pfanne geben? Vermischen sich die beiden Flüssigkeiten?

Das brauchst du

- 1 Glas
- Wasser
- Öl
- 1 Esslöffel

Mache dazu diesen Versuch

1. Gib etwas Wasser in ein Glas.
2. Gib zwei Esslöffel Öl in das Glas und rühre um.

3. Warte einige Zeit ab.

Das Öl vermischt sich zunächst ein wenig mit dem Wasser. Nach einiger Zeit setzt sich das Öl oben im Glas ab.

Gib einen Tropfen Spülmittel auf das Öl und rühre noch einmal um. Nun lassen sich Wasser und Öl miteinander mischen. Das Spülmittel setzt sich zwischen die Wasser- und Ölteilchen, die sich so verbinden können. Es entsteht ein Gemisch. Solch ein Gemisch nennt man auch Emulsion.

Das steckt dahinter

Die Wassermoleküle ziehen sich untereinander stärker an als Öl- und Wassermoleküle. Darüber hinaus ist Öl leichter als Wasser. Daher schwimmt es oben auf dem Wasser. Durch das Umrühren mit dem Löffel vermischen sich die Wasser- und Ölteilchen nur kurzzeitig, danach trennen sie sich wieder.

U-Boot

Können Gummibärchen unter Wasser tauchen, ohne nass zu werden? Baue ein Mini-U-Boot und lass die Bären abtauchen!

Das brauchst du

- 1 Wasserbecken
- Wasser
- 1 Teelichthülle
- kleines Stück Watte
- 1 Glas
- Gummibärchen

Mache dazu diesen Versuch

1. Die Teelichthülle dient als U-Boot. Gib etwas Watte in die Teelichthülle und drücke sie fest.

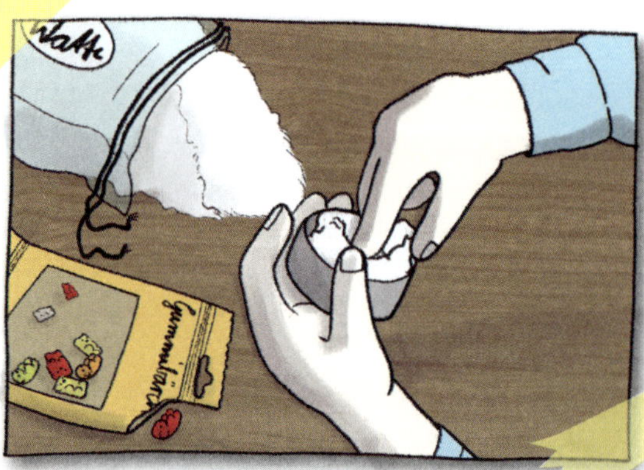

2. Lege jetzt die Gummibärchen auf die Watte.
3. Fülle Wasser in das Becken.
4. Setze die Teelichthülle mit den Gummibärchen vorsichtig auf die Wasseroberfläche.

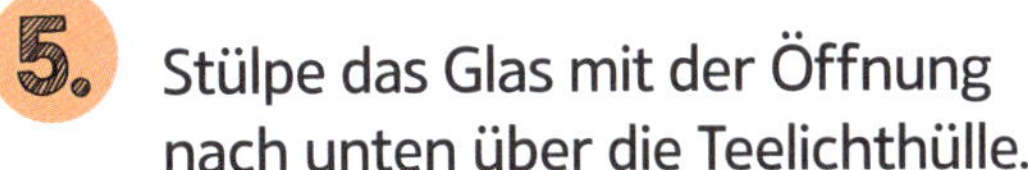

5. Stülpe das Glas mit der Öffnung nach unten über die Teelichthülle.

6. Drücke es zusammen mit dem Gummibärchen-U-Boot nach unten bis zum Boden des Gefäßes. Achte darauf, das Glas gerade zu halten.

7. Zieh das Glas dann wieder langsam aus dem Wasser und nimm das U-Boot vorsichtig aus dem Wasser heraus.

Die Watte ist trocken geblieben. Die Gummibärchen in der Teelichthülle sind mit dem Glas bis zum Boden des Gefäßes getaucht und dabei trocken geblieben.

Statt der Gummibärchen kannst du auch einfach ein Taschentuch zerknüllen und es in das Glas stopfen. Das Taschentuch wird ebenfalls nicht nass. Probiere aus, was passiert, wenn du das Glas schräg eintauchst.

Lösung:
Das Papier wird nass.

Das steckt dahinter !

Im Glas ist Luft. Wenn das Glas senkrecht auf die Wasseroberfläche aufgesetzt wird, kann die Luft nicht entweichen. So kann kein Wasser in das Glas strömen. Die Luft im Glas drückt die Teelichthülle nach unten. So kann das U-Boot tauchen, ohne nass zu werden.

Luftballonkran

Wie stark ist Luft? Kann die Luft in einem Luftballon einen Becher anheben?

Das brauchst du

- 1 Plastikbecher
- 1 Luftballon

Mache dazu diesen Versuch

1. Halte den Luftballon in den Becher.
2. Puste ihn im Becher so weit wie möglich auf.

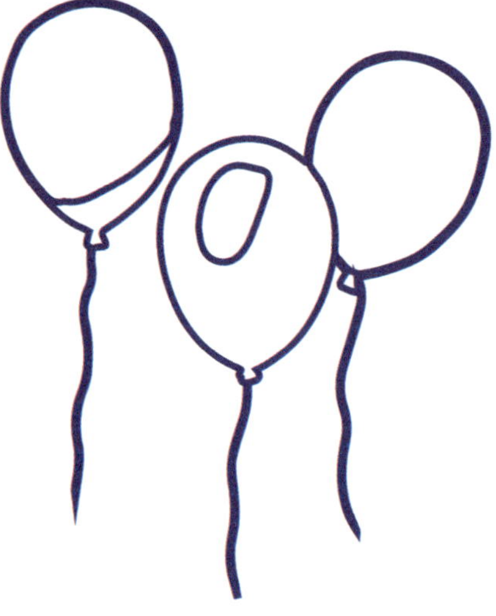

3. Halte den Luftballon am Hals zu und hebe den Becher mit dem Luftballon hoch.

Du kannst den Becher mit dem Luftballon nach oben heben, ohne dass der Becher herunterfällt.

Bitte einen Erwachsenen oder ein anderes Kind, den Luftballon mit dem Becher hochzuheben. Versuche den Becher vom Luftballon herunterzuziehen. Du wirst merken, wie stark die Luft ist!

Das steckt dahinter

Die Luft im Ballon breitet sich aus und drückt gegen den Rand des Bechers. So kannst du den Becher mit dem Luftballon hochheben.

Luftkissengleiter

Ein Luftkissenboot ist ein Fahrzeug, bei dem auf der Unterseite Luft ausströmt. Das Fahrzeug gleitet auf dieser Luftschicht über den Boden oder eine Wasseroberfläche. Baue selbst solch ein Fahrzeug!

Das brauchst du

- 1 CD
- 1 Trinkverschluss von einer Sportflasche
- Heißkleber
- 1 Luftballon
- glatten Tisch

Mache dazu diesen Versuch

1. Stelle den Trinkverschluss auf das Loch der CD. Die bedruckte Seite der CD sollte dabei nach unten zeigen.
2. Klebe den Trinkverschluss mit dem Heißkleber gut fest. Lass dir dabei von einem Erwachsenen helfen. Achtet darauf, dass der Verschluss und die CD luftdicht miteinander verklebt sind!
3. Lege die CD auf einen glatten Tisch. Puste einen Luftballon auf und stülpe ihn über den verschlossenen Trinkverschluss. Halte ihn zunächst noch zu.

4. Lass den Luftballon los, sodass die Luft hinausströmen kann. Schubse den Luftkissengleiter mit dem Finger an.

5. Beobachte, wie sich der Luftkissengleiter über den Tisch bewegt.

Der Luftkissengleiter fährt über den Tisch.

Auch Spülmittelflaschen haben Verschlüsse, die sich öffnen und schließen lassen. Spüle den Verschluss gut aus, bevor du ihn für dein Experiment benutzt.

Das steckt dahinter !

Durch den Verschluss strömt Luft aus dem Luftballon unter die CD. Der Luftkissengleiter bewegt sich auf dieser Luftschicht über den Tisch vorwärts.

Das brauchst du

- 1 Taschentuch
- 1 langes Lineal
- Wolle
- Schere
- Klebeband
- 1 Korken
- 1 Reißzwecke

Fallschirm

Hast du schon mal Fallschirmspringer beobachtet? Sie gleiten langsam zu Boden, da die Luft ihre Fallschirme bremst. Aus einem Taschentuch und einem Korken kannst du einen tollen kleinen Fallschirm bauen!

Mache dazu diesen Versuch

1. Schneide von der Wolle vier Fäden mit ungefähr 30 Zentimeter Länge ab.
2. Falte das Taschentuch auseinander und befestige in jeder Ecke des Tuches mit dem Klebeband einen Wollfaden oder knote ihn fest.

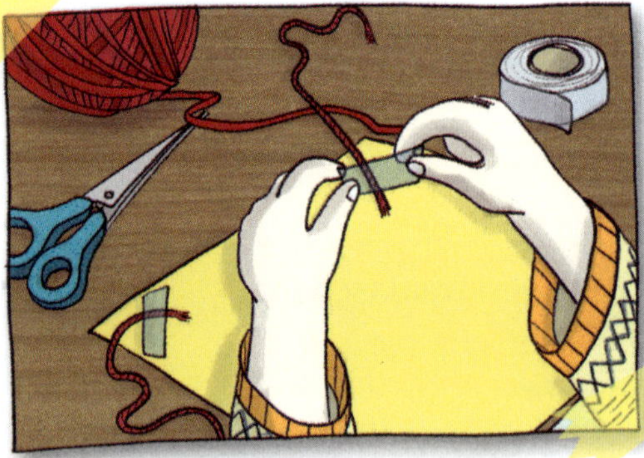

3. Knote alle Wollfäden unten zusammen. Achte darauf, dass die Fäden ungefähr gleich lang sind.

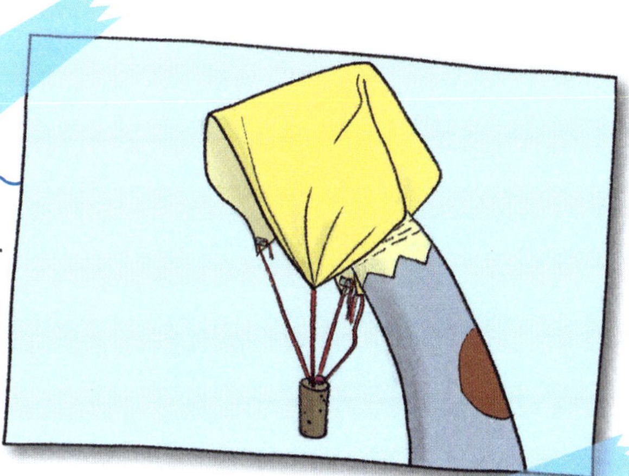

4. Befestige den Knoten mit einer Reißzwecke an dem Korken.

5. Lass den Fallschirm von einer höheren Stelle aus los.

Der Fallschirm gleitet langsam zu Boden.

Statt eines Taschentuches kannst du auch ein Stück Küchenrolle oder eine Serviette verwenden. Probiere verschiedene Materialien aus.

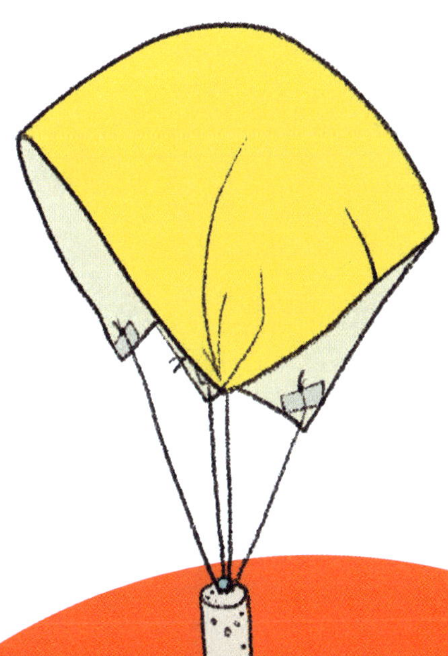

Das steckt dahinter !

Der Fallschirm bewegt sich wegen der Schwerkraft nach unten. Unter dem Taschentuch sammelt sich Luft. Diese Luft bremst den Fallschirm. So schwebt der Fallschirm nach unten, anstatt schnell zu fallen.

Tanzende Luftschlange

Wusstest du, dass warme Luft Dinge antreiben kann? Bastle dir eine Papierschlange und lass sie tanzen.

Das brauchst du

- 1 Blatt Papier
- Bleistift
- Schere
- 1 Nadel
- Garn
- warme Heizung

Du findest die Vorlage für die Schlange auf Seite 107.

Mache dazu diesen Versuch

1. Übertrage die Vorlage auf Papier und male eine Schlange darauf.
2. Schneide die Schlange rundherum aus.
3. Schneide sie auf den Linien ein.

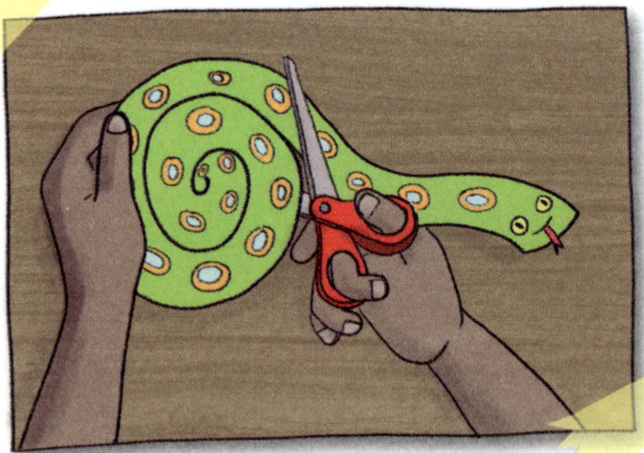

4. Fädele das Garn durch die Nadel.

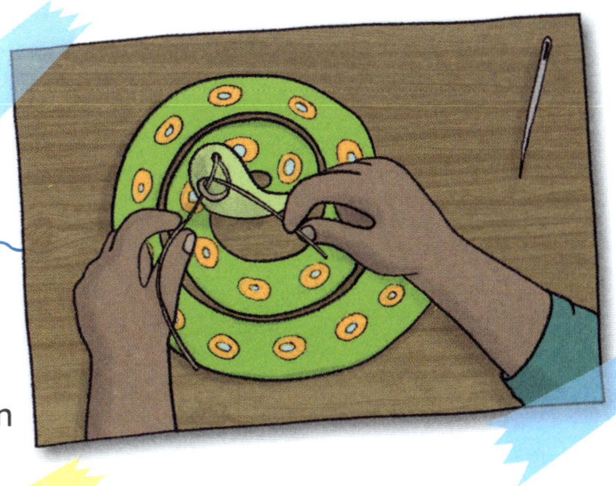

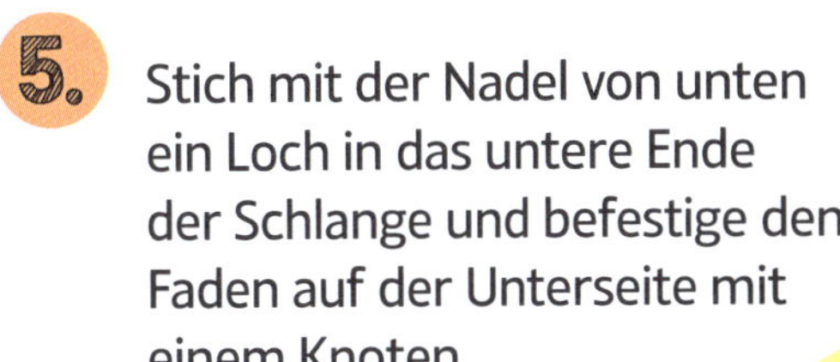

5. Stich mit der Nadel von unten ein Loch in das untere Ende der Schlange und befestige den Faden auf der Unterseite mit einem Knoten.
6. Knote das andere Ende an einem Bleistift fest.
7. Halte die Schlange mit dem Bleistift über eine warme Heizung.

Die Spirale beginnt sich über der Heizung zu drehen.

Auch bei einer Weihnachtspyramide wird die warme Luft genutzt, damit die Pyramide sich dreht. Die Kerzen erhitzen die Luft und die Luft, die nach oben steigt, setzt das Flügelrad der Pyramide in Bewegung.

Das steckt dahinter!

Die Heizung erhitzt die Luft. Die warme Luft steigt nach oben, da sie leichter als die kalte Umgebungsluft ist. Es entsteht ein Luftstrom. Der Luftstrom sorgt dafür, dass sich die Spirale dreht.

Ballspielen mit Luft

Wenn draußen ein starker Wind weht, kannst du die Luft spüren. Einen künstlichen Luftstrom kannst du zum Beispiel mit einem Föhn erzeugen. Wie stark ist solch ein Luftstrom?

Das brauchst du

- 1 Föhn
- Steckdose
- 1 Tischtennisball

Mache dazu diesen Versuch

1. Stecke den Föhn in die Steckdose. Halte den Tischtennisball mit der einen Hand über den Föhn.
2. Schalte den Föhn an und lass den Ball vorsichtig los.

Der Ball dreht sich über dem Föhn in der Luft.

Auch wenn du den Föhn leicht schräg hältst, schwebt der Ball in der Luft.

Das steckt dahinter

Der Luftstrom aus dem Föhn trifft auf den Ball. Er ist so stark, dass er den Ball in der Luft hält. Bewegt der Ball sich etwas zur Seite, ist der Luftstrom hier geringer, deshalb kehrt er in die Mitte zurück.

Luftballongeist

Glaubst du, ein Ballon kann sich wie von Geisterhand aufpusten, ohne dass du in diesen hineinpustest?

Das brauchst du

- 1 Plastikflasche
- 1 Luftballon
- 2 Schalen
- warmes Wasser
- kaltes Wasser
- Eiswürfel

Mache dazu diesen Versuch

1. Stülpe den Luftballon über den Hals der Flasche.
2. Fülle eine Schüssel mit warmem Wasser.
3. Stelle die Flasche hinein und warte einige Zeit ab.

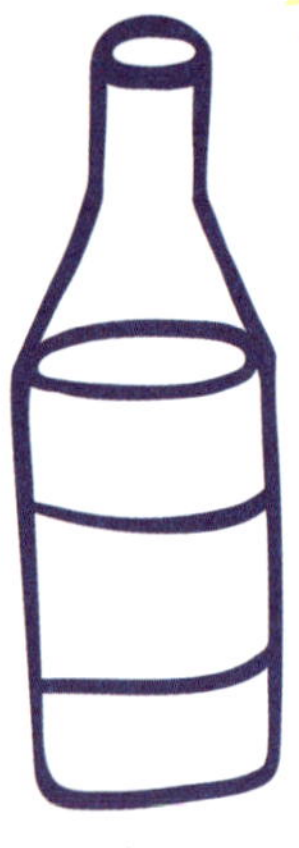

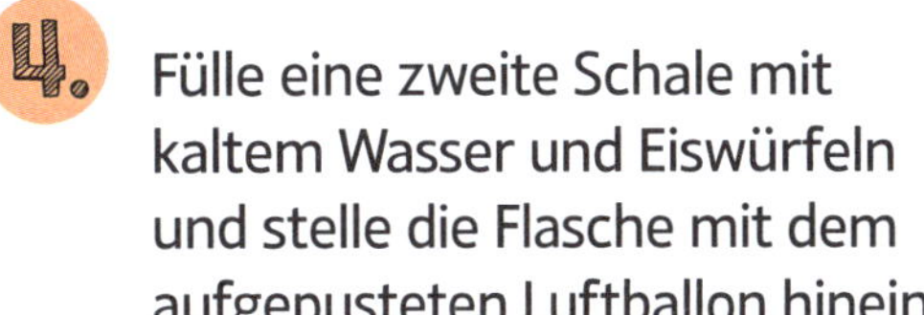

4. Fülle eine zweite Schale mit kaltem Wasser und Eiswürfeln und stelle die Flasche mit dem aufgepusteten Luftballon hinein.
5. Warte einige Zeit ab.

Im warmen Wasser bläht der Luftballon sich langsam auf und richtet sich auf. Im kalten Wasser zieht er sich wieder zusammen und hängt dann herunter.

Aufgeblasene Luftballons solltest du nicht in die pralle Sonne legen. Durch die Hitze dehnt sich die Luft im Ballon aus und der Ballon kann platzen.

Das steckt dahinter

Das warme Wasser erhitzt die Luft in der Flasche. Die warme Luft dehnt sich aus und braucht mehr Platz. Die Luftteilchen strömen in den Ballon und so wird dieser aufgepustet. Wird die Flasche in Eiswasser gestellt, kühlt die Luft sich wieder ab und die Luftteilchen verdichten sich. Die Luft strömt aus dem Ballon in die Flasche zurück.

Bierdeckelzauber

Wenn du ein Glas umdrehst, läuft das Wasser heraus. Aber was passiert, wenn du einen Bierdeckel auf die Öffnung legst? Kann der Bierdeckel verhindern, dass das Wasser herausläuft, auch wenn du das Glas umdrehst?

Das brauchst du

- 1 Glas
- Wasser
- 1 Bierdeckel

Mache dazu diesen Versuch

1. Fülle das Glas bis zum oberen Rand mit Wasser.

2. Lege vorsichtig den Bierdeckel darauf.

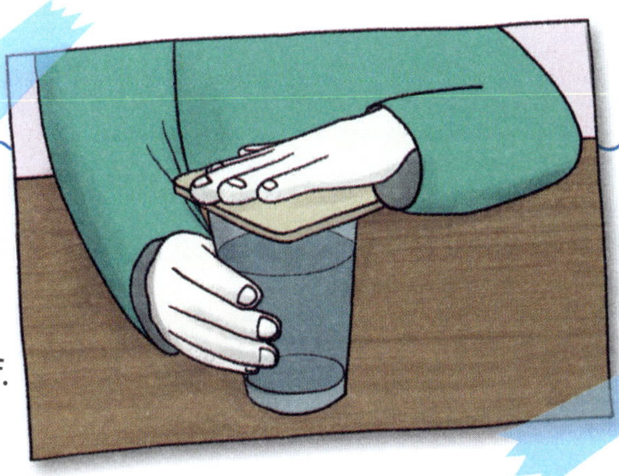

3. Drücke mit einer Hand den Bierdeckel fest auf das Glas.

4. Halte das Glas gut fest und drehe es langsam auf den Kopf.

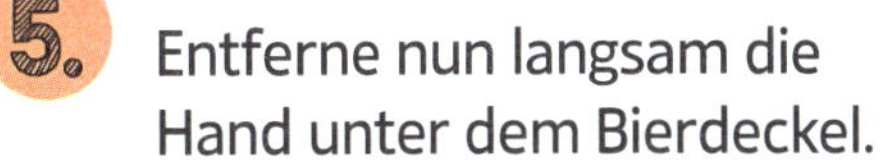

5. Entferne nun langsam die Hand unter dem Bierdeckel.

Was passiert?

Der Bierdeckel bleibt auf dem Glas. Obwohl das Glas auf dem Kopf steht, fließt das Wasser nicht heraus.

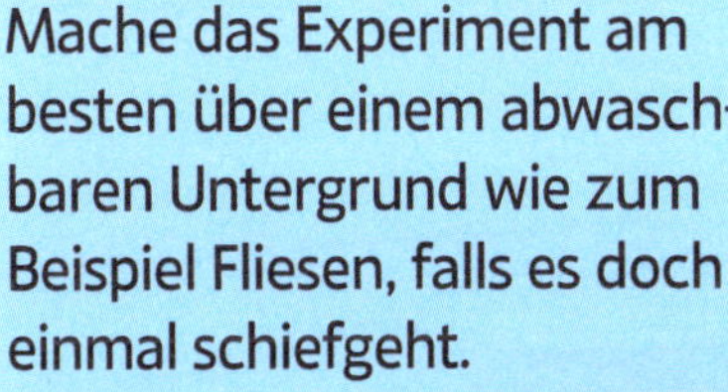

Mache das Experiment am besten über einem abwaschbaren Untergrund wie zum Beispiel Fliesen, falls es doch einmal schiefgeht.

Das steckt dahinter !

Beim Umdrehen tritt eine geringe Menge Wasser aus. Dadurch entsteht ein Unterdruck im Glas. Der Deckel wird auf diese Weise angesaugt. Unter dem Glas herrscht der normale Luftdruck, der den Bierdeckel von unten auf das Glas drückt. Der Luftdruck ist so stark, dass der Bierdeckel auch auf dem Glas bleibt, wenn man das Glas umdreht.

Gummi-Gitarre

Vielleicht hast du schon einmal an den Saiten einer Gitarre gezupft. Sie bewegen sich hin und her und erzeugen dabei Töne. Baue dir eine Mini-Gitarre!

Das brauchst du

- 1 Plastikbox
- mehrere dicke und dünne Gummiringe

Mache dazu diesen Versuch

1. Stülpe die Gummiringe quer über die Plastikbox.

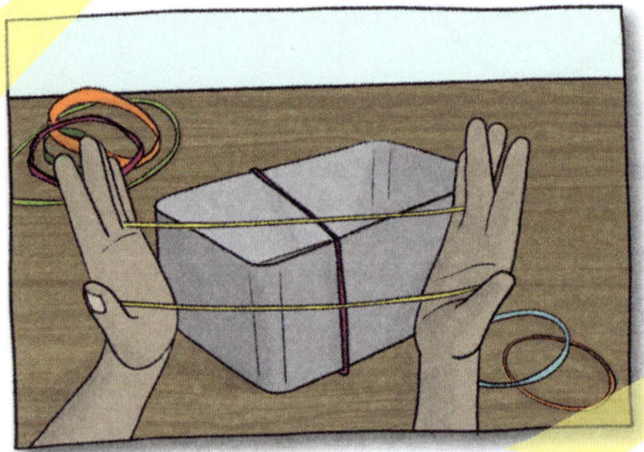

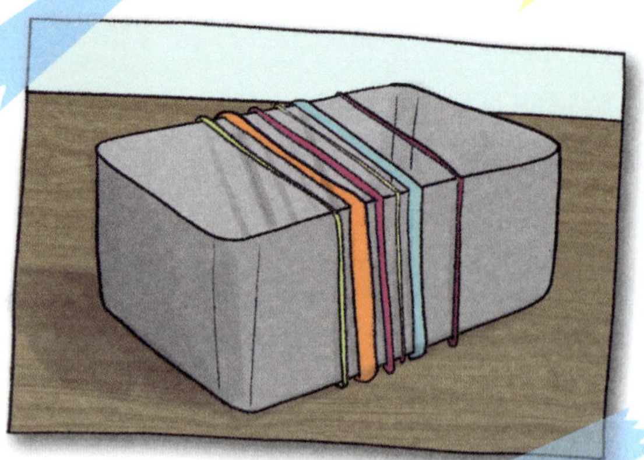

2. Zupfe sie mit den Fingern an und lass sie wieder los.

Die Gummiringe erzeugen Töne. Dünne Gummiringe machen leise Töne, dicke Gummibänder laute Töne.

Statt der Plastikbox kannst du auch eine Backform oder einen Schuhkarton nehmen. Vergleiche auch verschiedene Materialien miteinander. Wie verändern sich die Töne?

Das steckt dahinter !

Durch das Zupfen an den Gummiringen wird die Luft in Bewegung versetzt. Es entstehen Schallwellen. Diese wandern bis zu unseren Ohren und treffen dort auf das Trommelfell. Hier werden die Schwingungen als Töne wahrgenommen.

Tanzende Reiskörner

Aus einer Dose und Backpapier kannst du dir eine Trommel bauen. Lege einige Reiskörner auf die Trommel. Kannst du sie mit einer zweiten Dose zum Tanzen bringen?

Das brauchst du

- 2 Dosen
- Backpapier
- Schere
- 2 Gummiringe
- Handvoll Reiskörner

Mache dazu diesen Versuch

1. Schneide zwei runde Stücke Backpapier aus.

2. Lege sie über die Öffnungen der Dosen. Befestige sie mit den Gummiringen so über den Dosen, dass sie straff gespannt sind.

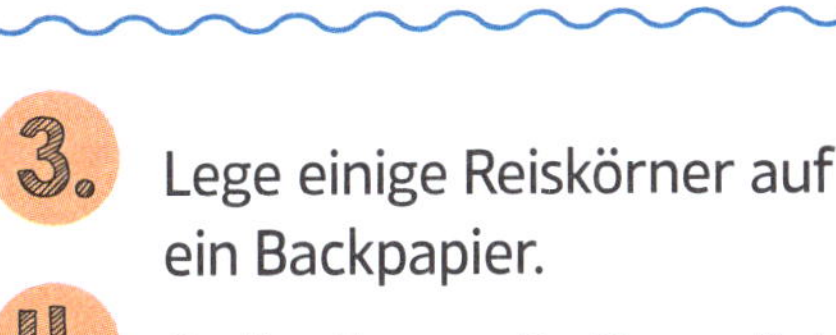

3. Lege einige Reiskörner auf ein Backpapier.
4. Stelle die zweite Dose dicht neben die erste Dose.
5. Schlage einige Male mit der Hand auf die Dose.
6. Beobachte, was mit dem Reis passiert.

Wenn du mit der Hand auf die Dose schlägst, bewegen sich die Reiskörner auf dem Backpapier der anderen Dose.

Du kannst auch mit deinem Körper Schallwellen erzeugen. Klatsche dicht über der Dose mit den Reiskörnern in die Hände und beobachte, was passiert.

Das steckt dahinter

Durch das Schlagen auf die Dose wird die Luft bewegt, es entstehen Schallwellen. Diese Schallwellen treffen auch auf das Backpapier der zweiten Dose und sorgen dafür, dass es schwingt. Dadurch bewegen sich die Reiskörner.

Schallkanone

Schall bewegt die Luft. Aber ist die Luftbewegung stark genug, um sogar eine Kerzenflamme auszupusten?

Das brauchst du

- 1 Papprolle
- 1 Stück Alufolie
- Schere
- Prickelnadel oder Ähnliches
- 2 Gummiringe
- 1 Luftballon
- 1 Teelicht
- Feuerzeug

Mache dazu diesen Versuch

1. Schneide mit der Schere ein rundes Stück Alufolie aus. Es sollte etwas größer sein als die Öffnung der Papprolle.

2. Stich mit einer Prickelnadel in die Mitte der Alufolie ein kleines Loch. Lass dir dabei von einem Erwachsenen helfen.

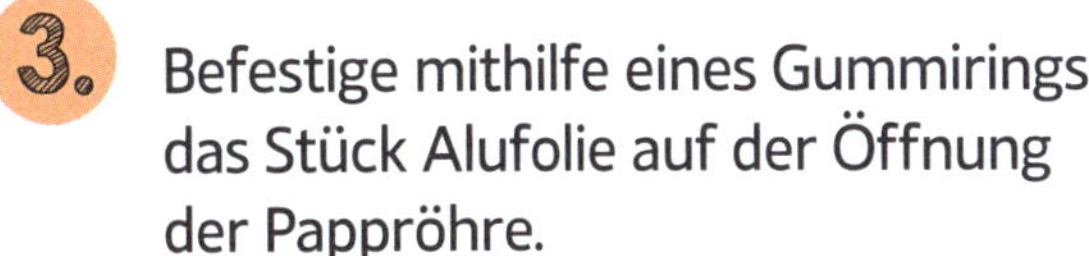

3. Befestige mithilfe eines Gummirings das Stück Alufolie auf der Öffnung der Papprohre.

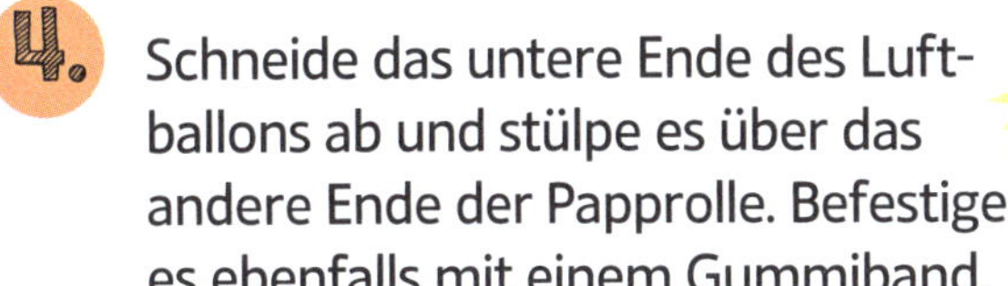

4. Schneide das untere Ende des Luftballons ab und stülpe es über das andere Ende der Papprolle. Befestige es ebenfalls mit einem Gummiband.

5. Zünde zusammen mit einem Erwachsenen das Teelicht an.

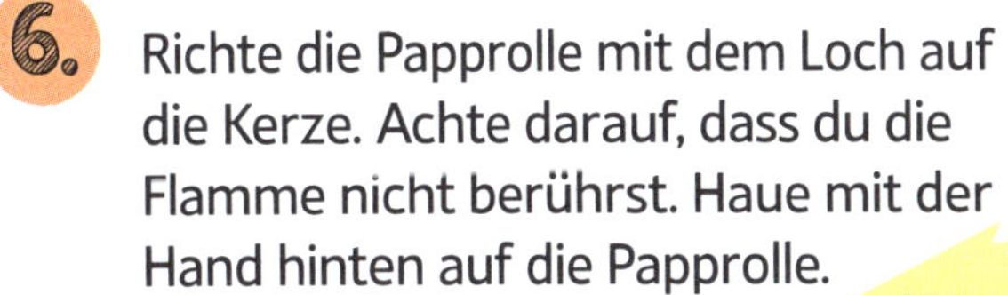

6. Richte die Papprolle mit dem Loch auf die Kerze. Achte darauf, dass du die Flamme nicht berührst. Haue mit der Hand hinten auf die Papprolle.

Die Kerze geht aus.

Du kannst auch hinten an der Luftballonhaut ziehen und sie wieder loslassen. Dadurch entsteht ein Knall, der ebenfalls dafür sorgt, dass die Kerzenflamme erlischt.

Das steckt dahinter !

Wenn du mit der Hand hinten auf die Papprolle schlägst, entsteht ein Geräusch. Die Luft im Inneren der Papprolle wird bewegt. Sie strömt durch das kleine Loch in der Alufolie nach draußen und löscht dabei die Kerze aus.

Flüstertüte

Wenn Polizistinnen und Polizisten eine wichtige Durchsage machen möchten, benutzen sie häufig ein Megafon. Damit man dich besser hören kann, kannst du dir eine Flüstertüte basteln.

Das brauchst du

- 1 quadratisches Papier
- Klebeband
- Schere
- Wasserfarben
- Pinsel

Mache dazu diesen Versuch

1. Male das Blatt bunt an.

2. Rolle das Papier zu einer Tüte.
3. Klebe die Tüte mit Klebeband zusammen.

4. Oben schneidest du das überstehende Papier ab.

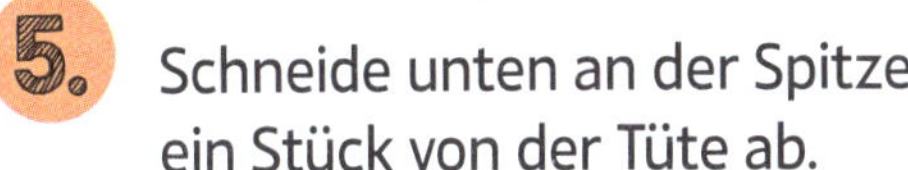

5. Schneide unten an der Spitze ein Stück von der Tüte ab.

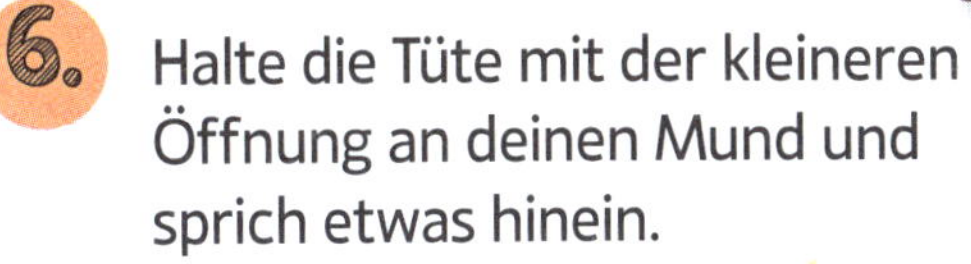

6. Halte die Tüte mit der kleineren Öffnung an deinen Mund und sprich etwas hinein.

Deine Stimme hört sich lauter an.

Du kannst deine Flüstertüte auch als Hörrohr benutzen. Halte sie dazu mit der kleineren Öffnung an dein Ohr. Die Schallwellen werden gebündelt, dadurch kannst du Geräusche lauter hören.

Das steckt dahinter !

Wenn du normal sprichst, verbreiten sich die Schallwellen in alle Richtungen. Wenn du in die Tüte sprichst, werden die Schallwellen gelenkt. Der Trichter sammelt und verstärkt die Schallwellen. Dadurch klingt deine Stimme lauter.

Glaskonzert

Es gibt viele verschiedene Musikinstrumente. Aber kannst du auch mit ein paar einfachen Gläsern Musik machen?

Das brauchst du

- mehrere gleiche Gläser (zum Beispiel Weingläser)
- Wasser
- Messbecher oder Ähnliches, um das Wasser einzufüllen
- Tisch

Mache dazu diesen Versuch

1. Stelle die Gläser nebeneinander auf den Tisch.
2. Fülle unterschiedlich viel Wasser in die Gläser, sodass in jedem Glas eine andere Füllhöhe ist.

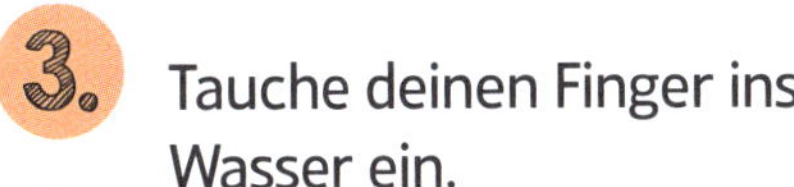

3. Tauche deinen Finger ins Wasser ein.

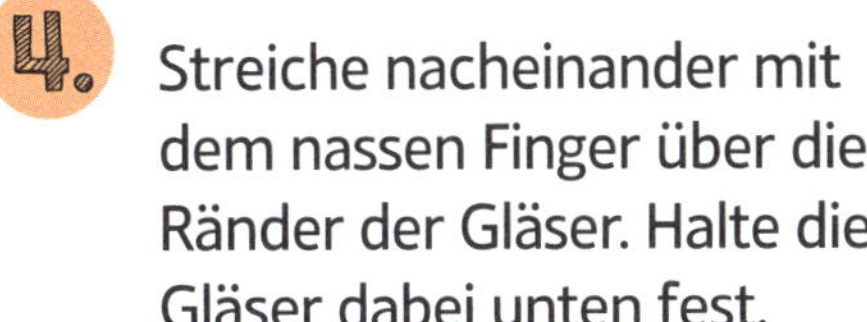

4. Streiche nacheinander mit dem nassen Finger über die Ränder der Gläser. Halte die Gläser dabei unten fest.

5. Höre genau hin, wie sich der Ton jeweils anhört.

Was passiert?

Wenn du mit dem feuchten Finger langsam über den Glasrand streichst, hörst du ein Geräusch. Lass dich nicht entmutigen, du brauchst vielleicht ein paar Versuche. Gläser, in denen sich viel Wasser befindet, machen tiefere Töne. Gläser mit wenig Wasser erzeugen höhere Töne.

Verwende verschiedene Gläser, zum Beispiel Weingläser, Sektgläser, Saftgläser und probiere aus, welche Gläser sich am besten für das Konzert eignen.

Das steckt dahinter

Durch das Streichen über den Glasrand schwingt das Glas hin und her und ein Ton entsteht. Je mehr Wasser sich im Glas befindet, desto stärker wird die Schwingung abgebremst und der Ton klingt tiefer.

Klingendes Lineal

Ein Lineal benutzt du normalerweise, um etwas auszumessen oder zu zeichnen. Kann ein Lineal auch Töne erzeugen?

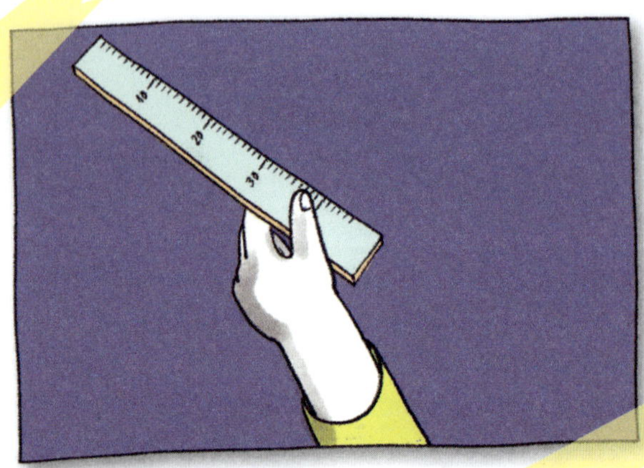

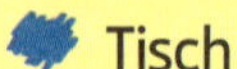

Das brauchst du

- 1 langes Plastiklineal
- Tisch

Mache dazu diesen Versuch

1. Lege das Lineal auf den Tisch, sodass ein längeres Ende übersteht.
2. Halte das Lineal mit der einen Hand fest.

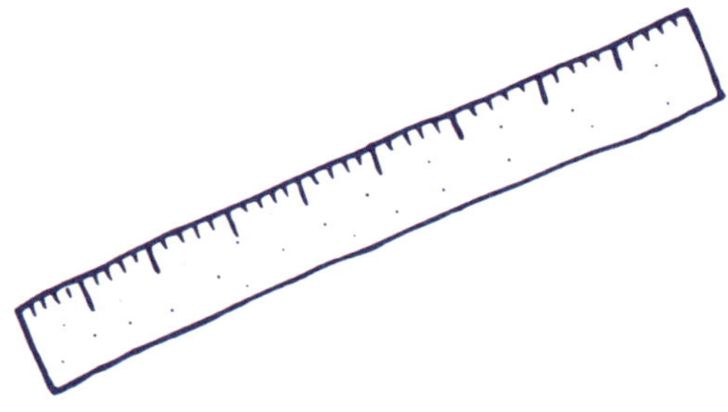

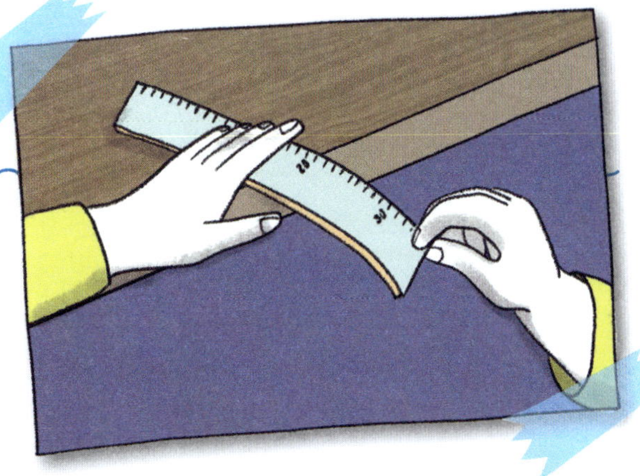

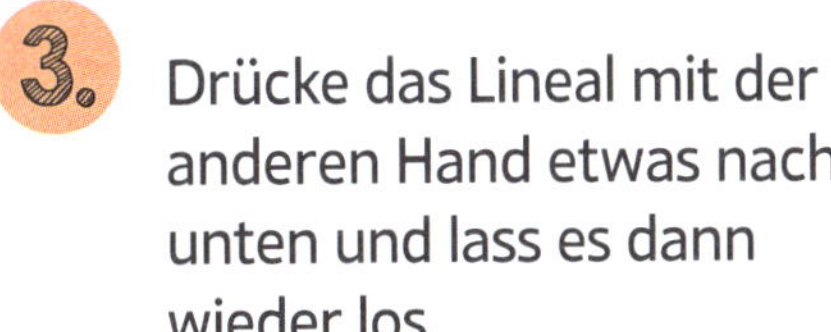

3. Drücke das Lineal mit der anderen Hand etwas nach unten und lass es dann wieder los.

4. Lass das Lineal zuerst etwas mehr und dann etwas weniger über den Tisch ragen. Beobachte, wie sich die Töne verändern.

Das Lineal schwingt hin und her. Du kannst einen Ton hören. Wenn das Lineal viel übersteht, sind die Töne höher. Wenn es wenig über den Tisch ragt, sind sie tiefer.

Verwende Lineale aus verschiedenen Materialien, zum Beispiel aus Plastik, Holz oder Metall und untersuche, wie sich die Töne anhören.

Das steckt dahinter !

Durch das Hin- und Herschwingen des Lineals wird ein Ton erzeugt. Je mehr das Lineal übersteht, desto mehr bewegt es sich und desto höher sind die Töne.

Was ist magnetisch?

Magnete findest du an vielen Stellen in deiner Umwelt. An der Pinnwand, an Taschen oder bei Spielzeugen. Welche Gegenstände werden von Magneten angezogen? Probiere es aus!

Das brauchst du

- 1 Magnet
- verschiedene Gegenstände: Geldstück, Murmel, Nagel, Kronkorken, Zahnstocher, Büroklammer, Korken, Stein, Metalllöffel, Plastiklöffel, Plastikdeckel, Metalldeckel, Notizzettel, Stück Stoff, Schraube

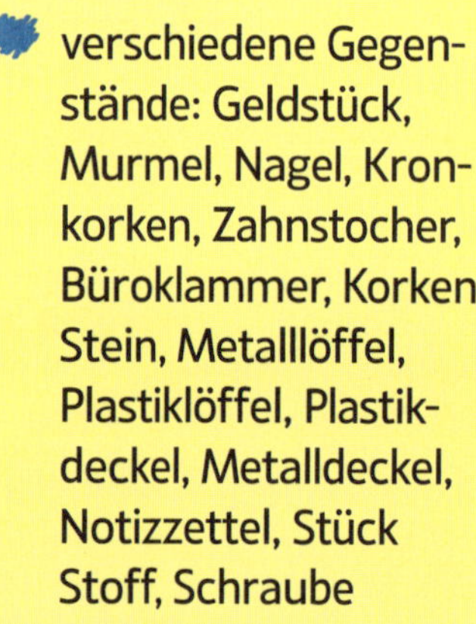

Mache dazu diesen Versuch

1. Halte den Magnet nacheinander an die verschiedenen Gegenstände.
2. Welche Gegenstände werden angezogen? Welche nicht?

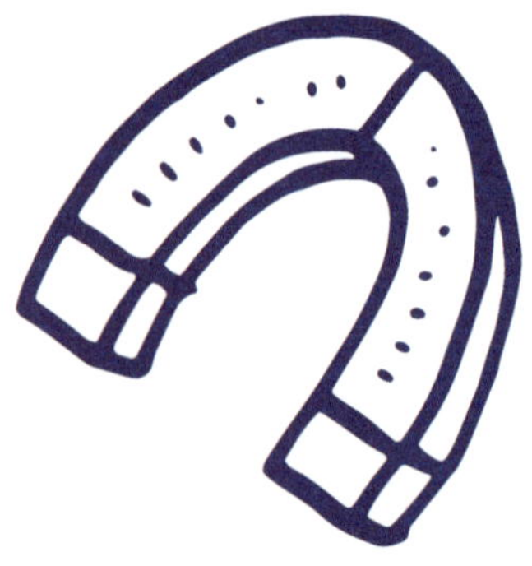

3. Sortiere die Gegenstände.

4. Betrachte die Gegenstände, die magnetisch sind. Was fällt dir auf?

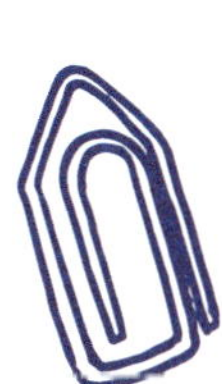

Das Geldstück, der Nagel, die Büroklammer, der Metalllöffel, der Metalldeckel und die Schraube werden vom Magnet angezogen.

Magnete können unterschiedlich stark sein. Probiere verschiedene Magnete aus.

Das steckt dahinter

Magnete ziehen Dinge an, die aus den Metallen Eisen, Nickel oder Kobalt bestehen. Auch Stahl ist meist magnetisch, weil er in der Regel Eisen enthält. Gegenstände aus Glas, Plastik, Kork, Holz, Stein, Papier oder Stoff werden nicht angezogen.

Magnetboot

Magnetkräfte sind sehr stark. Sie wirken durch Papier oder Stoff hindurch. Aber können sie auch Gegenstände anziehen, die sich im Wasser befinden?

Das brauchst du

- 1 Stück Styropor
- Schere
- Cuttermesser
- 1 Blatt Tonkarton
- 1 Zahnstocher
- Klebeband
- 1 Reißzwecke aus Metall
- 1 Schüssel
- Wasser
- 1 Magnet

Du findest eine Vorlage für das Magnetboot auf Seite 106.

Mache dazu diesen Versuch

1. Bitte einen Erwachsenen, aus dem Styropor ein kleines Boot auszuschneiden.

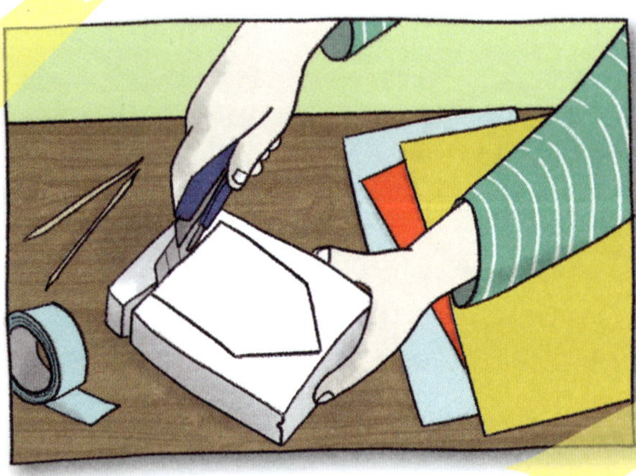

2. Aus dem Tonkarton schneidest du ein Segel aus und klebst es mit dem Klebeband an einen Zahnstocher.

3. Stecke den Zahnstocher von oben in das Boot.

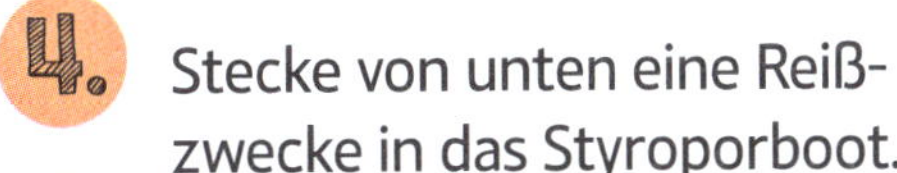

4. Stecke von unten eine Reißzwecke in das Styroporboot.
5. Fülle eine Schüssel mit Wasser.
6. Setze das Boot vorsichtig auf das Wasser.
7. Halte den Magnet in die Nähe des Bootes und steuere es mit dem Magnet über das Wasser.

Das Boot bewegt sich auf der Wasseroberfläche.

Statt Styropor kannst du auch eine Korkscheibe verwenden und die Reißzwecke aus Metall unten hineinstecken.

Das steckt dahinter

Der Magnet zieht die Reißzwecke am Boot an und setzt das Boot dabei in Bewegung. Die Magnetkraft wirkt auch durch das Wasser hindurch.

Magnet-schmetterling

Magnete werden oft für Spielzeuge verwendet. Bastle einen Schmetterling. Kannst du ihn mit der Magnetkraft in der Luft schweben lassen?

Das brauchst du

- 1 Blatt Papier
- Bleistift
- Schere
- 1 Büroklammer
- 1 Faden (ungefähr 15 Zentimeter lang)
- Klebeband
- 1 Magnet
- einen Tisch

Du findest die Vorlage für den Schmetterling auf Seite 106.

Mache dazu diesen Versuch

1. Übertrage die Vorlage des Schmetterlings mit einem Bleistift auf das Papier.
2. Schneide den Schmetterling aus.
3. Befestige am Körper des Schmetterlings eine Büroklammer.

4. Klebe mit einem Stück Klebeband den Faden an der Rückseite des Schmetterlings fest.
5. Befestige das andere Ende des Fadens mit dem Klebeband an der Kante eines Tisches.
6. Halte den Schmetterling mit der einen Hand hoch. Halte den Magneten dicht über den Schmetterling, ohne ihn zu berühren.
7. Lass den Schmetterling los.

Der Schmetterling schwebt in der Luft.

Du kannst aus dem Papier auch andere Figuren ausschneiden, zum Beispiel einen kleinen Drachen.

Das steckt dahinter !

Der Magnet zieht die Büroklammer an. Daher bewegt sich der Schmetterling in Richtung des Magneten.

Büroklammer-kette

Magnete ziehen Büroklammern an. Wirkt die Magnetkraft auch durch eine Büroklammer hindurch?

Das brauchst du

- 1 Magnet
- mehrere Büro-klammern

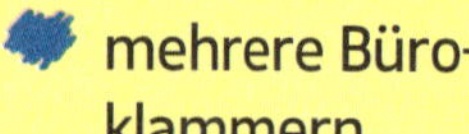

Mache dazu diesen Versuch

1. Halte eine Büroklammer an einen Magnet.

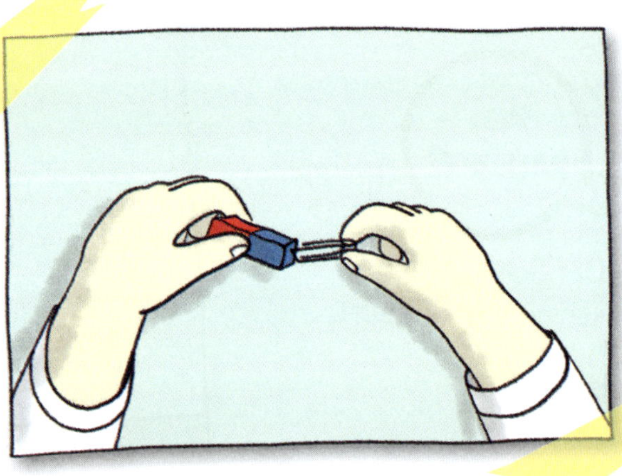

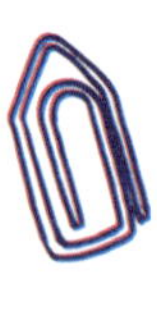

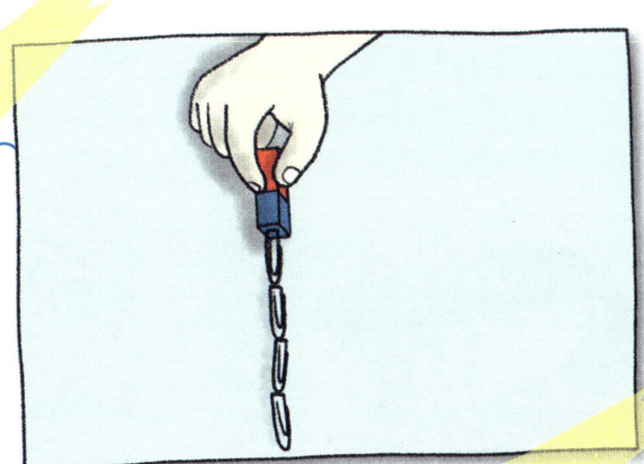

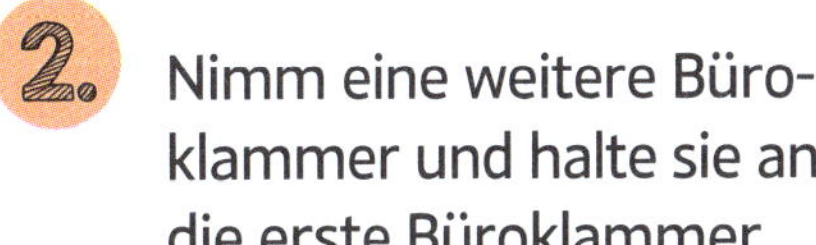

2. Nimm eine weitere Büroklammer und halte sie an die erste Büroklammer.

3. Versuche eine möglichst lange Kette aus Büroklammern zu bilden.

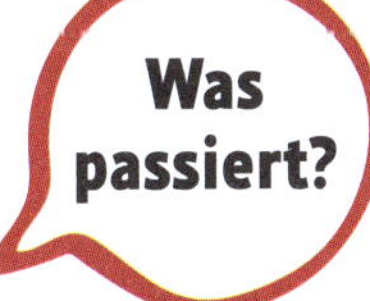

Es können mehrere Büroklammern aneinandergehängt werden.

Du kannst ebenso bunt lackierte Büroklammern nutzen. Die Magnetkraft wirkt auch durch die Farbe hindurch.

Das steckt dahinter!

Hängt eine Büroklammer an einem Magnet, wird sie selbst zum Magnet und zieht so auch weitere Büroklammern an. Allerdings ist die Magnetkraft abgeschwächt, sodass sich nicht endlos lange Ketten bilden lassen.

Magnetkunstwerk

Es gibt besondere Magnetbausteine, mit denen du tolle Kunstwerke bauen kannst. Mit einem Magnet und magnetischen Gegenständen kannst du selbst kreativ werden!

Das brauchst du

- 1 Magnet
- mehrere Nägel, Schrauben und Muttern

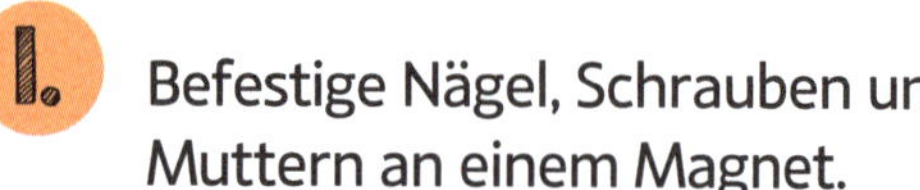

Mache dazu diesen Versuch

1. Befestige Nägel, Schrauben und Muttern an einem Magnet.

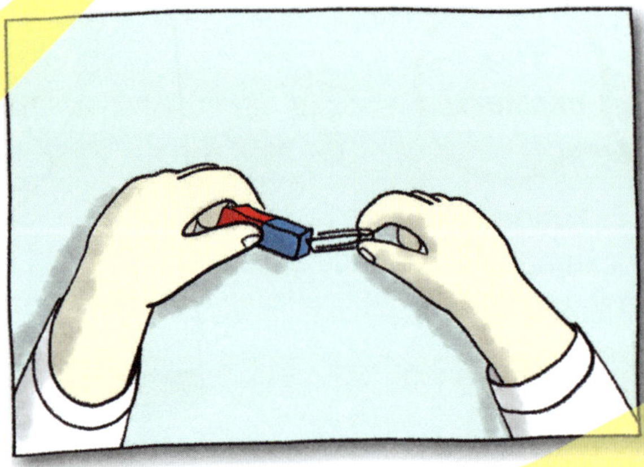

2. Kombiniere die Gegenstände so miteinander, dass ein Kunstwerk entsteht.

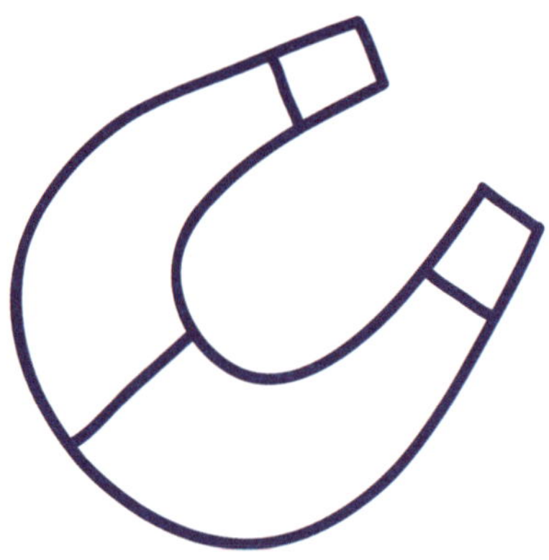

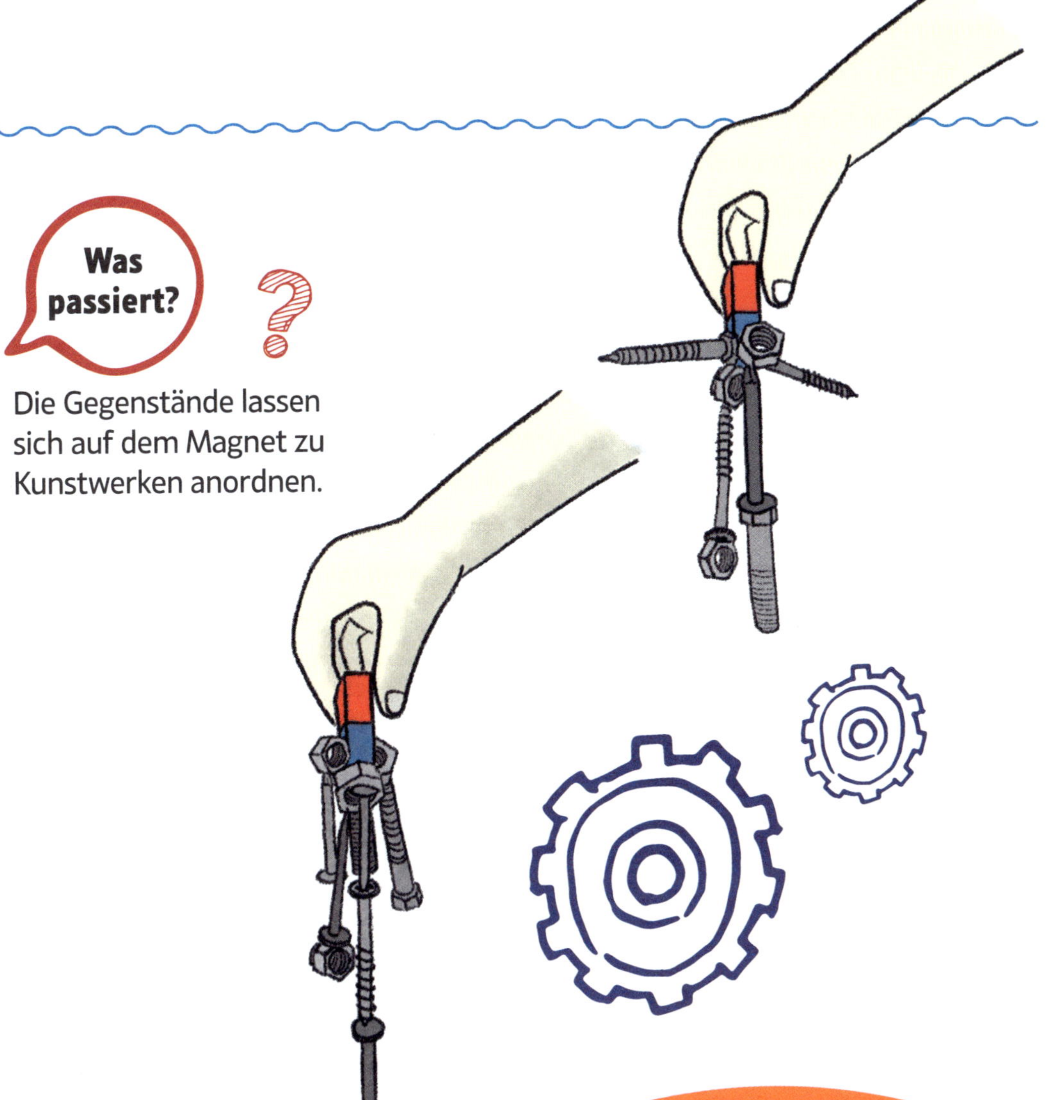

Was passiert?

Die Gegenstände lassen sich auf dem Magnet zu Kunstwerken anordnen.

Verwende einen möglichst starken Magnet. Denn je stärker der Magnet ist, desto mehr Dinge kannst du verbauen.

Das steckt dahinter

Magnetische Gegenstände werden, wenn man sie an einen Magnet hält, selbst magnetisch, sodass du auch mehrere Gegenstände übereinander anordnen kannst.

Verliebtes Paar

Magnete können sich anziehen. Wenn du keine zwei Magnete hast, kannst du zwei Nadeln magnetisieren. Ziehen die Nadeln sich auch an, wenn sie auf dem Wasser schwimmen?

Das brauchst du

- 1 Blatt Papier
- Bleistift
- 1 Stück Styropor
- Cuttermesser
- Kleber
- 2 Stecknadeln
- 1 Magnet
- 1 Schüssel
- Wasser

Du findest die Vorlage für die Enten auf Seite 107.

Mache dazu diesen Versuch

1. Bitte einen Erwachsenen, mit dem Cuttermesser zwei kleine Stücke von dem Styropor abzuschneiden.

2. Übertrage die Vorlagen auf Papier und schneide die beiden Enten aus.
3. Streiche Kleber auf die Klebekanten der Enten und klebe sie auf die Styroporstücke.
4. Streiche nacheinander mehrmals (ungefähr 20-mal) mit einem Magnet über die beiden Stecknadeln. Streiche immer in die gleiche Richtung.

5. Stecke die Nadeln oben in die Styroporstücke.

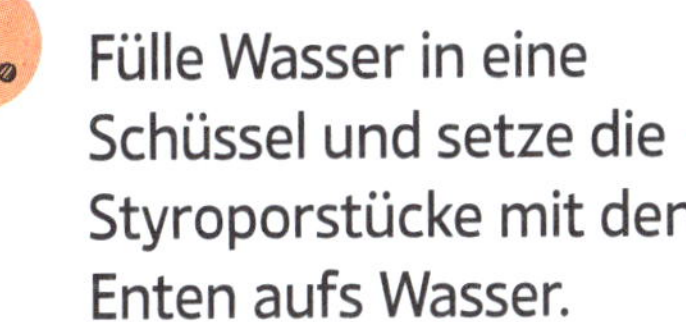

6. Fülle Wasser in eine Schüssel und setze die Styroporstücke mit den Enten aufs Wasser.

Die Enten schwimmen aufeinander zu.

Mit einer Nadel und einem Stück Styropor kannst du auch einen Kompass bauen. Streiche dafür ungefähr 20-mal mit einem Magnet über die Stecknadel – immer vom Kopf bis zur Spitze. Lege das Styroporstück auf das Wasser und die Nadel vorsichtig oben darauf. Die Nadelspitze zeigt nun nach Norden.

Das steckt dahinter !

Durch das Darüberstreichen mit dem Magnet wirken die Nadeln selbst wie Magnete. Sie ziehen sich gegenseitig an.

Licht umlenken

Wenn du in einen Spiegel siehst, kannst du dein Spiegelbild erkennen. Wusstest du schon, dass du mit einem Spiegel auch Licht umlenken kannst?

Das brauchst du

- 1 Taschenlampe
- 1 großen Spiegel
- helle Wand

Mache dazu diesen Versuch

1. Verdunkle das Zimmer.

2. Stelle dich vor den Spiegel. Halte die Taschenlampe gerade und leuchte auf den Spiegel.

3. Beobachte, wohin der Spiegel das Licht umlenkt.

Die Taschenlampe erzeugt einen Lichtpunkt auf dem Spiegel. Auch an der Wand hinter dir ist ein Lichtpunkt zu erkennen.

Halte die Taschenlampe nun schräg auf den Spiegel und beobachte, wohin der Lichtpunkt reflektiert wird.

Lösung: Der Lichtstrahl wird im gleichen Winkel reflektiert, wie er aufgetroffen ist.

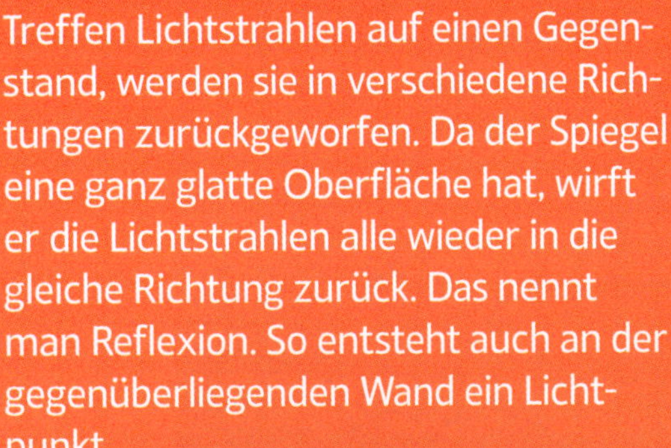

Das steckt dahinter

Treffen Lichtstrahlen auf einen Gegenstand, werden sie in verschiedene Richtungen zurückgeworfen. Da der Spiegel eine ganz glatte Oberfläche hat, wirft er die Lichtstrahlen alle wieder in die gleiche Richtung zurück. Das nennt man Reflexion. So entsteht auch an der gegenüberliegenden Wand ein Lichtpunkt.

Regenbogen-CD

Bestimmt hast du nach einem Regenschauer schon mal einen bunten Regenbogen am Himmel gesehen. Hättest du gerne einen an deiner Zimmerwand? Das funktioniert sogar ohne Wasser.

Das brauchst du

- 1 CD
- 1 Taschenlampe
- weiße Wand

Mache dazu diesen Versuch

1. Lege die CD mit der glänzenden Seite nach oben vor eine weiße Wand.

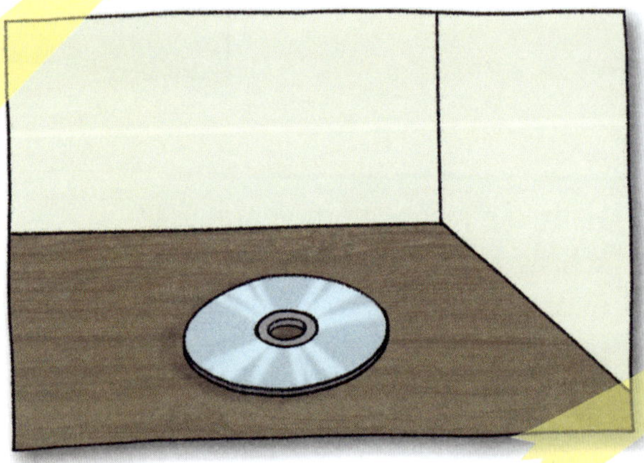

2. Leuchte schräg mit der Taschenlampe auf die CD.
3. Schaue auf die Wand.

Auf der Wand kannst du einen Regenbogen erkennen. Auch an der Wand hinter dir ist ein Lichtpunkt zu sehen.

Wenn die Sonne scheint, kannst du die Sonnenstrahlen für den Regenbogen nutzen. Halte die CD dazu so hin, dass die Strahlen direkt auf die CD fallen.

Das steckt dahinter !

Weißes Licht ist eigentlich gar nicht weiß, sondern eine Mischung aus vielen bunten Farben. Das ist ähnlich wie bei einem Malkasten, nur wenn du dort alle Farben mischst, entsteht ein Braunton. Auf der CD befinden sich viele kleine Rillen, die die Lichtstrahlen unterschiedlich stark ablenken und in die sieben Farben Rot, Orange, Gelb, Grün, Blau, Indigo und Violett zerlegen. Dieser Farben nennt man auch Regenbogenfarben oder Spektralfarben.

Die Kerze im Wasser

Mit Licht kann man viele Tricks machen. Glaubst du, dass eine Kerze unter Wasser brennen kann? Mit diesem Versuch gelingt es!

Das brauchst du

- 1 leere CD-Hülle
- 1 Glas
- Wasser
- 1 Teelicht
- Feuerzeug oder Streichhölzer
- Tisch

Mache dazu diesen Versuch

1. Stelle die CD-Hülle auf den Tisch.
2. Fülle Wasser in ein Glas. Stelle es hinter die CD-Hülle.

3. Stelle das Teelicht vor die CD-Hülle. Die Entfernung zur Hülle muss genauso groß sein wie die Entfernung von der CD-Hülle zum Wasserglas.

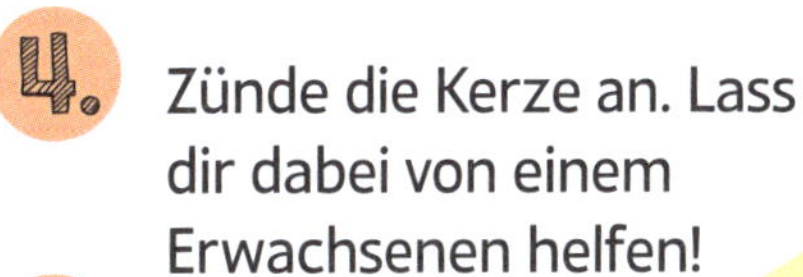

4. Zünde die Kerze an. Lass dir dabei von einem Erwachsenen helfen!

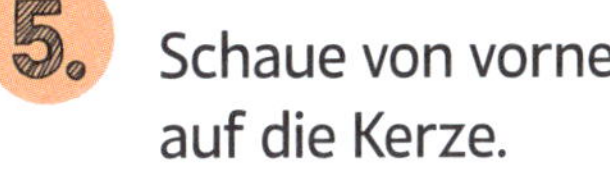

5. Schaue von vorne auf die Kerze.

Es sieht so aus, als würde die Kerze unter Wasser brennen.

Mit der CD-Hülle kannst du noch weitere lustige Spiegelbilder erzeugen. Stelle die CD-Hülle vor eine Tierzeichnung, zum Beispiel von einem Löwen. Male im gleichen Abstand vor der CD-Hülle einen Käfig. Jetzt sieht es so aus, als wäre der Löwe im Käfig.

Das steckt dahinter !

Ein Teil der Lichtstrahlen, die von der Kerze ausgesendet werden, werden von der CD-Hülle reflektiert. Hinter der CD-Hülle entsteht ein Spiegelbild der brennenden Kerze. Solch einen Trick nennt man auch optische Täuschung.

Schattentheater

Wo Licht ist, ist auch Schatten. Diese Eigenschaft von Licht kannst du für ein spannendes Theater nutzen!

Das brauchst du

- mehrere Blatt schwarzes Tonpapier
- weißen Stift
- Schere
- mehrere Holzstäbe
- Klebeband
- 1 Karton
- Lineal
- weißes Backpapier
- Klebstoff
- Tisch
- Lampe

Mache dazu diesen Versuch

1. Male mit dem weißen Stift Figuren auf das schwarze Tonpapier und schneide sie aus.
2. Befestige mit dem Klebeband die Holzstäbe an den Figuren.

3. Zeichne mit dem Lineal einen Rahmen auf den Boden des Kartons. Schneide den inneren Teil des Rahmens mit einer Schere aus.

4. Lege den Boden des Kartons auf ein weißes Backpapier und male mit einem Bleistift um den Karton herum. Schneide das überstehende Backpapier ab.

5. Streiche den Rahmen von innen mit Kleber ein und befestige an diesem das weiße Backpapier.

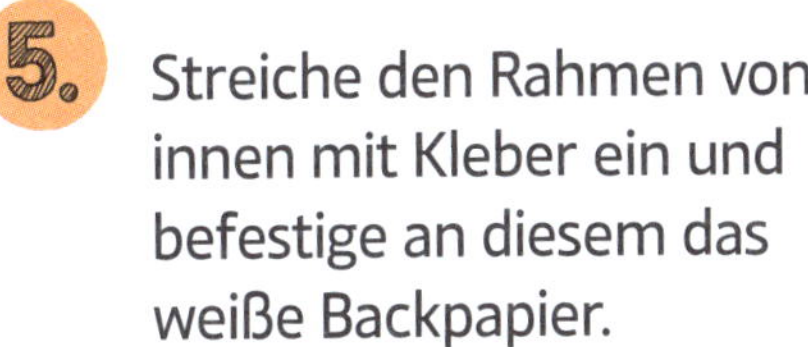

6. Stelle den Karton so auf einen Tisch, dass die Seite mit dem weißen Backpapier vorne ist.

7. Verdunkele den Raum.
8. Richte die Lampe so aus, dass sie von hinten auf das Theater leuchtet.
9. Stelle dich hinter das Theater, halte die Figuren an den Holzstäben fest und bewege sie hinter dem weißen Backpapier.

Auf dem weißen Backpapier sieht man die Schatten der Figuren.

Das steckt dahinter

Das Licht von der Lampe scheint auf das Backpapier. Durch die Figuren kommt das Licht allerdings nicht hindurch. Dadurch entsteht hinter den Figuren ein dunkler Schatten auf dem weißen Backpapier.

Halte die Figuren ganz dicht vor das Backpapier und dann etwas näher an die Lampe und beobachte, wie sich die Größe der Schatten verändert.

Farben mischen

Es gibt viele verschiedene Farben. Was passiert, wenn du zwei Farben miteinander vermischt? Vielleicht hast du das schon mal mit deinem Farbkasten ausprobiert. Bei diesem Experiment mischen sich die Farben sogar ganz von allein.

Das brauchst du

- 1 Blatt Küchenpapier
- Schere
- 6 Gläser
- Wasser
- rotes, gelbes und blaues Krepppapier
- 1 Löffel

Mache dazu diesen Versuch

1. Schneide das Küchenpapier in Streifen.
2. Fülle drei Gläser mit Wasser. Gib in ein Glas rote Krepppapierstreifen, in ein zweites gelbe Krepppapierstreifen und in ein drittes blaue Krepppapierstreifen.

3. Warte, bis sich das Wasser kräftig eingefärbt hat und nimm die Streifen dann mit dem Löffel wieder heraus.

Stelle die Gläser im Kreis auf. Stelle zwischen die Gläser mit dem farbigen Wasser immer ein leeres Glas.

Hänge die Küchenpapierstreifen jeweils mit dem einen Ende in das farbige Wasser und mit dem anderen Ende in das leere Glas.

Lass die Gläser einen Tag lang stehen und beobachte, was passiert.

Was passiert?

Die Küchenpapiere verfärben sich. Das rote und gelbe Wasser vermischt sich zu orangefarbenem Wasser. Zwischen den Bechern mit der blauen und der roten Farbe sammelt sich lilafarbenes Wasser und zwischen dem gelben Wasser und dem blauen Wasser entsteht grünes Wasser.

Statt mit Krepppapier kannst du das Wasser auch mit Lebensmittelfarben einfärben und dann das verschiedenfarbige Wasser miteinander vermischen.

Das steckt dahinter

Die Küchenpapiere saugen sich mit dem farbigen Wasser voll und transportieren es in das leere Glas. Die Farben Gelb, Blau und Rot werden auch Grundfarben genannt, da du aus ihnen die anderen Farben mischen kannst. Jeweils zwei Grundfarben mischen sich zu einer neuen Farbe.

Das brauchst du

- 1 weißes rundes Filterpapier
- 1 schwarzen wasserlöslichen Filzstift
- 1 Tablett
- Wasser
- 1 Pipette

Farben trennen

Farben bestehen meistens aus verschiedenen Farbtönen. Auch die Farbe Schwarz ist aus unterschiedlichen Farben zusammengesetzt. Kannst du diese wieder trennen?

Mache dazu diesen Versuch

1. Male mit dem Filzstift einen größeren schwarzen Punkt in die Mitte des Kaffeefilters.
2. Lege den Kaffeefilter auf ein Tablett.
3. Gib mit der Pipette einige Tropfen Wasser auf den schwarzen Punkt.

Beobachte, wie sich die Farbe auf dem Filterpapier verändert.

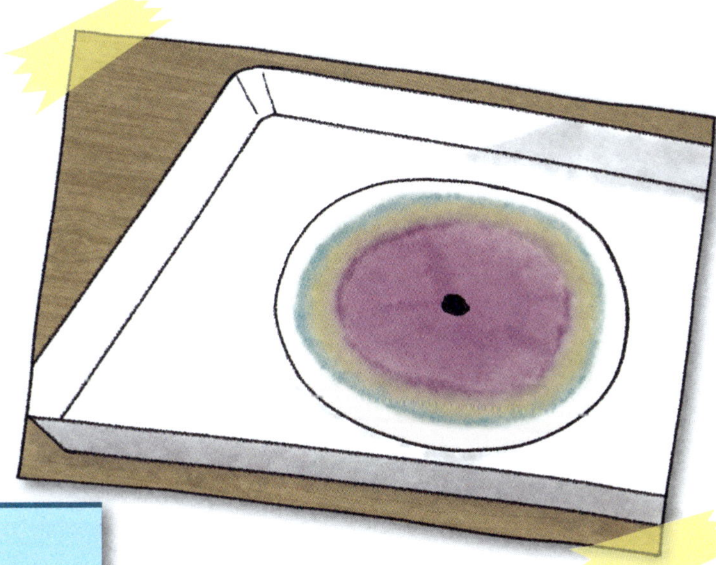

Auf dem Kaffeefilter sind nach einiger Zeit verschiedene Farben zu sehen.

Probiere verschiedene schwarze Filzstifte aus. Du wirst staunen, wie unterschiedlich die Ergebnisse sein werden!

Statt einer Pipette kannst du auch in die Mitte des Kaffeefilters ein Loch schneiden. Dann rollst du einen zweiten Kaffeefilter ein und steckst ihn durch das Loch. Fülle ein Glas mit Wasser und lege den Kaffeefilter so auf das Glas, dass sich der eingerollte Filter im Wasser befindet. Durch diesen wird das Wasser bis zum bemalten Kaffeefilter nach oben gezogen.

Das steckt dahinter !

Die schwarze Farbe vermischt sich mit dem Wasser. Schwarz ist aus unterschiedlichen Molekülen mit verschiedenen Farbtönen zusammengesetzt. Diese Moleküle wandern im Kaffeefilter unterschiedlich schnell. So entstehen Farbringe in verschiedenen Farben. Diesen Prozess nennt man auch Chromatografie.

Bunte Pflanzen

Wie nehmen Pflanzen Wasser auf? Wenn du das Wasser einfärbst, kannst du beobachten, wie Pflanzen trinken.

Das brauchst du

- 4 weiße Tulpen
- 4 Gläser
- Leitungswasser
- 4 Lebensmittelfarben
- 1 Teelöffel
- Messer

Mache dazu diesen Versuch

1. Gib etwas Leitungswasser in die Gläser.
2. Gib in jedes Glas eine andere Lebensmittelfarbe und rühre mit dem Löffel gut um.

3. Schneide die Tulpenstiele unten mit einem Messer schräg ab. Lass dir dabei von einem Erwachsenen helfen.

Stelle die Tulpen in die Gläser.

Warte einige Stunden ab und beobachte, wie sich die Farben der Blüten verändern.

Die weißen Tulpenblätter verfärben sich nach und nach.

Bevor du frische Blumen ins Wasser stellst, solltest du sie immer schräg anschneiden, da sie das Wasser dann besser aufnehmen können und länger schön aussehen.

Das steckt dahinter

Die Tulpen transportieren das farbige Wasser über die Stängel in die Blüten. Die Blüten nehmen die Lebensmittelfarbe auf und verfärben sich.

Bohnen-Labyrinth

Bestimmt weißt du, dass Pflanzen Licht zum Wachsen brauchen. Was passiert, wenn der Weg zum Licht durch ein Labyrinth führt? Findet die Pflanze ihren Weg? Probiere es aus!

Das brauchst du

- 1 großen Pappkarton
- Pappkartonreste
- Schere
- Klebeband oder Heiß-klebepistole
- 1 sauberen Joghurt-becher
- Erde
- Bohnensamen (zum Beispiel Feuer-bohnensamen)
- Sprühflasche
- Fensterbrett

Mache dazu diesen Versuch

1. Schneide mit der Schere ein größeres Loch in den oberen Teil des Kartons.
2. Schneide einige Wände aus dickem Pappkarton aus und befestige sie mit dem Klebeband oder der Heiß-klebepistole im Inneren des Kartons, sodass ein Labyrinth entsteht. Dabei kann dir ein Erwachsener helfen.

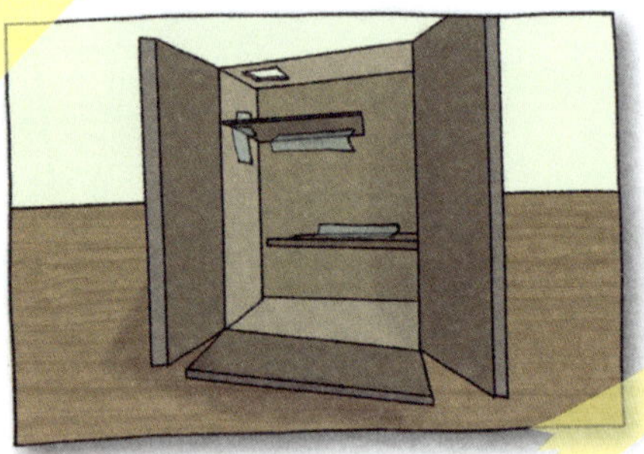

3. Fülle einen Joghurtbecher mit Erde und lege einige Bohnensamen hinein. Drücke sie in die Erde und bedecke sie ein wenig damit. Befeuchte die Erde mit Wasser.

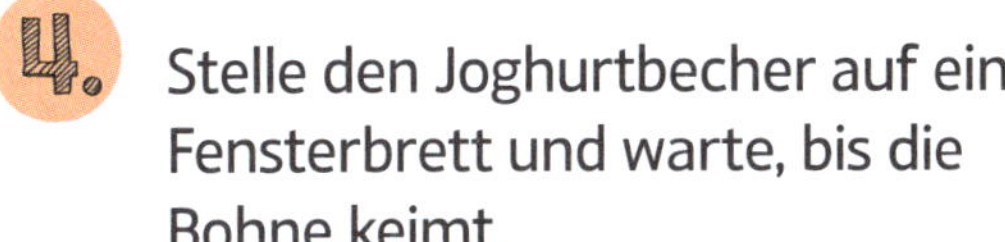

4. Stelle den Joghurtbecher auf ein Fensterbrett und warte, bis die Bohne keimt.

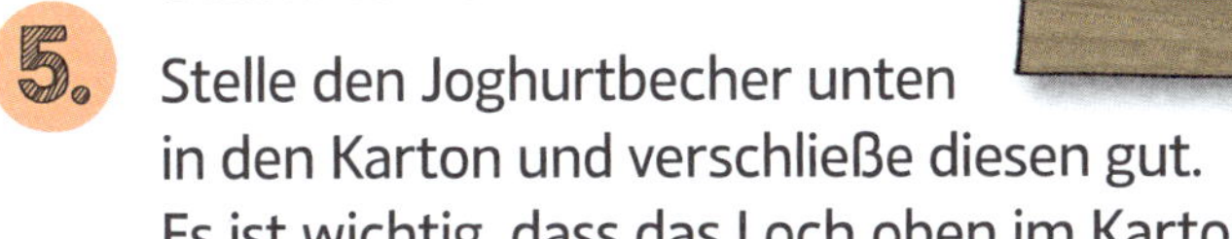

5. Stelle den Joghurtbecher unten in den Karton und verschließe diesen gut. Es ist wichtig, dass das Loch oben im Karton die einzige Lichtquelle ist.

6. Stelle den Karton zurück auf das Fensterbrett oder an einen anderen hellen, sonnigen Ort.

7. Öffne den Karton jeden Tag und befeuchte die Erde mit einer Sprühflasche mit Wasser. Warte einige Tage ab. Dann kannst du beobachten, wie die Bohnen wachsen.

Was passiert?

Nach einigen Tagen keimen die Bohnen. Stängel und Blätter kommen zum Vorschein. Sie wachsen an den Wänden vorbei und schließlich oben aus dem Loch heraus.

Das Experiment funktioniert auch mit einer Kartoffel. Pflanze dazu eine Kartoffel in den Joghurtbecher oder einen kleinen Blumentopf und stelle ihn unten in den Karton.

Das steckt dahinter

Pflanzen brauchen Licht zum Wachsen, daher wachsen sie immer zum Licht hin. Dabei wächst eine Pflanze auch an Hindernissen vorbei.

Pflanzen aus Gemüseresten

Gemüsereste musst du nicht alle in die Biotonne werfen. Aus den Resten können nämlich wieder neue Pflanzen wachsen!

Das brauchst du

- das obere Ende von ein paar Karotten
- 1 Schale
- Wasser
- Fensterbank
- 1 Topf
- Erde
- Gießkanne

Mache dazu diesen Versuch

1. Schneide die oberen Enden der Karotte ab.
2. Fülle eine Schale mit Wasser, sodass der Boden benetzt ist.

3. Stelle die Schale auf die Fensterbank und lege die Gemüsestücke hinein.
4. Wechsle einmal am Tag das Wasser aus.

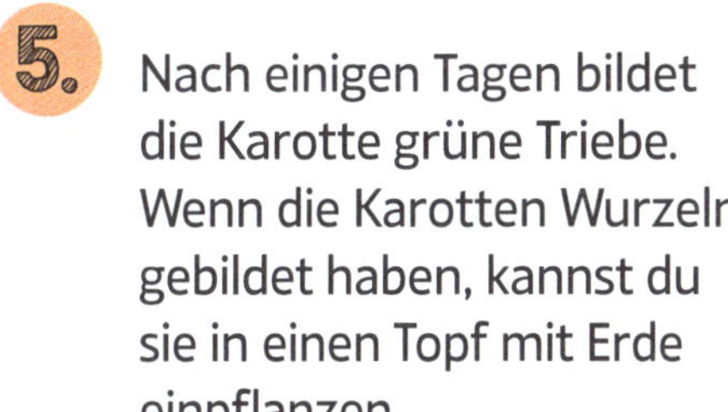

5. Nach einigen Tagen bildet die Karotte grüne Triebe. Wenn die Karotten Wurzeln gebildet haben, kannst du sie in einen Topf mit Erde einpflanzen.

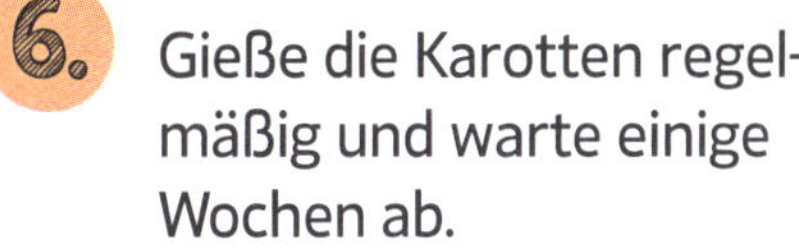

6. Gieße die Karotten regelmäßig und warte einige Wochen ab.

Aus dem Karottenrest wächst wieder Karottengrün.

Das Karottengrün ist essbar. Schneide es ab, wasche es und zerkleinere es. Dann kannst du es zum Würzen benutzen.

Auch andere Gemüsereste kannst du wieder zum Wachsen bringen. Probiere es doch mal mit dem Strunk von einem Salatkopf aus!

Das steckt dahinter !

Der Gemüserest enthält noch Nährstoffe. Diese sorgen dafür, dass aus dem Karottenstück wieder Karottengrün wachsen kann. Auf große Karotten darfst du aber nicht hoffen!

Erbsenknallerei

Wenn Samen keimen, entwickeln sie starke Kräfte. Sie können sogar Asphalt sprengen. Beobachte, was passiert, wenn du Samen mit Gips bedeckst.

Das brauchst du

- Gipspulver
- Stab zum Umrühren
- Wasser
- 1 Plastikbecher
- kleine Handvoll getrocknete Erbsen

Mache dazu diesen Versuch

1. Rühre etwas Gips nach Packungsanweisung an und fülle ihn in einen Plastikbecher.
2. Gib die Erbsen in den Gips und fülle weiteren Gips oben auf die Erbsen.

3. Stelle den Becher auf die Fensterbank und lass den Gips hart werden.
4. Schaue jeden Tag nach, ob sich schon etwas verändert hat.

Die Erbsen werden größer und sprengen den Gips. Nach einigen Tagen bilden sie grüne Triebe. Der Gips bricht immer mehr auseinander und lässt schließlich auch den Plastikbecher platzen.

Beobachte doch mal, wo überall Löwenzahnpflanzen wachsen. Beim Keimen entwickeln die Samen so viel Kraft, dass sogar der Straßenbelag oder Beton Risse bekommt.

Das steckt dahinter

Zum Keimen brauchen die Erbsen Wasser. Dieses ziehen sie aus dem Gips. Durch das Wasser quellen die Erbsen auf und bilden dann Triebe. Da sie nun mehr Platz benötigen, reißt der Gips immer mehr auseinander.

Kresseherz

Ein essbares Herz aus Kresse für einen lieben Menschen ist ein wunderbares Geschenk! Wie bekommst du die Pflänzchen dazu, herzförmig zu wachsen?

Das brauchst du

- Erde
- 1 Schale
- Kressesamen
- Sprühflasche
- 1 Pappkarton
- Bleistift
- Schere

Mache dazu diesen Versuch

1. Fülle die Schale mit Erde.
2. Streue einige Kressesamen auf die Erde und drücke die Samen leicht hinein.
3. Befeuchte die Erde mit der Sprühflasche.
4. Zeichne ein Herz auf den Pappkarton und schneide es mit der Schere aus. Das ausgeschnittene Herz kannst du für andere Bastelarbeiten verwenden.

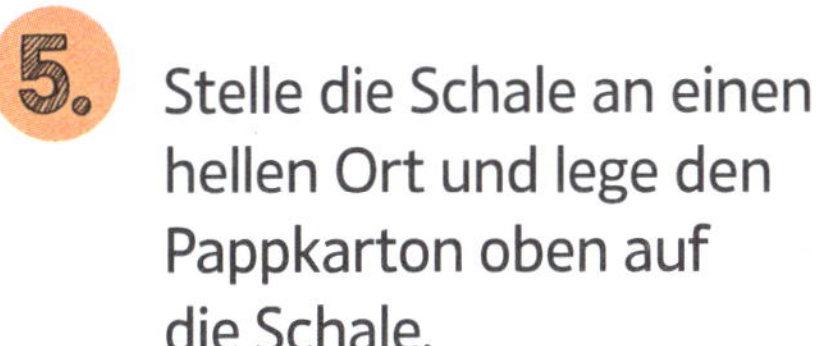

5. Stelle die Schale an einen hellen Ort und lege den Pappkarton oben auf die Schale.

6. Halte die Erde feucht.

Was passiert?

Die Kressesamen keimen und bilden die Form eines Herzens.

Du kannst auch ein anderes Motiv, zum Beispiel einen Stern oder einen Hasen, in den Pappkarton schneiden und die Kresse so wachsen lassen.

Das steckt dahinter

Kressesamen brauchen Licht, um zu keimen. Die Samen, die unter der Pappe liegen, bekommen kein Licht und keimen nicht. Daher wächst die Kresse in Form des Herzens.

Bunte Zuckerwürfel

Wenn du einen Zuckerwürfel in Wasser gibst, löst sich dieser auf. Aber was passiert, wenn du die Zuckerwürfel zuvor mit bunter Lebensmittelfarbe einfärbst?

Das brauchst du

- 4 Zuckerwürfel
- 1 tiefen Teller
- verschiedene Lebensmittelfarben
- Wasser

Mache dazu diesen Versuch

1. Gib auf jeden Zuckerwürfel etwas Lebensmittelfarbe.

2. Lege die Zuckerwürfel auf den Teller.
3. Tropfe so lange Wasser in die Mitte des Tellers, bis alle Zuckerwürfel im Wasser liegen.
4. Warte einige Zeit ab und beobachte, was passiert.

Der Zucker löst sich auf und auf dem Teller entstehen vier Bereiche mit buntem Wasser.

Wenn der Zucker sich auflöst, entsteht ein schönes, buntes Zuckerbild. Du kannst ein Foto davon machen.

Das steckt dahinter

Der Zuckerwürfel nimmt die Lebensmittelfarbe auf. Wenn die Zuckerwürfel im Wasser liegen, lösen sich der Zucker und die Lebensmittelfarbe im Wasser auf und der bunte Zucker verteilt sich im Wasser. Alle Zuckerfarben wandern dabei in die Mitte. Die Farben mischen sich zuerst nicht, da der Zucker immer dort hin wandert, wo noch weniger Zucker ist. Stößt die blaue Zuckerlösung auf die gelbe Zuckerlösung, wird sie nicht einfach weiter in die gleiche Richtung wandern, sondern abgelenkt werden, es entstehen also Kanten. Nach einiger Zeit ist überall im Wasser gleich viel Zucker, dann vermischen sich auch die Farben.

Salzkristalle züchten

Aus Salz können funkelnde Kristalle entstehen. Du kannst solche Kristalle ganz einfach selbst züchten.

Das brauchst du

- Wasserkocher oder Kochtopf
- Wasser
- 1 Glas
- Salz
- 1 Löffel
- Stück Wollfaden
- Bleistift

Mache dazu diesen Versuch

1. Erhitze Wasser in einem Wasserkocher oder in einem Kochtopf. Lass dir von einem Erwachsenen helfen.
2. Gieße das Wasser zusammen mit einem Erwachsenen in ein Glas.
3. Gib nach und nach mehrere Löffel Salz in das Glas und verrühre es, damit es sich auflöst. Gib so lange Salz in das Wasser, bis sich kein Salz mehr auflöst.

4. Knote ein Stück Wolle an einen Bleistift.

5. Lege den Bleistift über die Öffnung des Glases, sodass die Wolle in das Wasser hineinhängt.
6. Stelle das Glas auf die Fensterbank und bewege es nicht mehr.
7. Schau nach etwa einer Woche nach, was sich verändert hat. Du kannst die Flüssigkeit auch noch länger stehen lassen.

Am Wollfaden bildet sich ein Salzkristall.

Wenn du Lebensmittelfarbe ins Wasser gibst, kannst du bunte Kristalle züchten.

Das steckt dahinter !

Das Wasser verdunstet und das Salz bleibt am Wollfaden hängen. Je länger du wartest, desto größer werden die Kristalle.

Hefe in der Flasche

Vielleicht hast du schon mal einen Kuchen oder ein Brot mit Hefe gebacken und beobachtet, wie der Teig aufgeht. Was passiert, wenn du Hefe in eine Flasche füllst und einen Ballon über die Öffnung stülpst?

Das brauchst du

- 1 Luftballon
- schwarzen Filzstift
- 1 Flasche
- warmes Wasser
- 1 Trichter
- 1 Teelöffel
- Zucker
- 1 Tütchen Hefe

Mache dazu diesen Versuch

1. Male ein Gesicht auf den Luftballon.
2. Fülle etwas warmes Wasser in die Flasche.
3. Gib über einen Trichter einen Teelöffel Zucker hinzu und schütte die Hefe hinein.

4. Schwenke die Flasche, um die Zutaten zu vermischen.

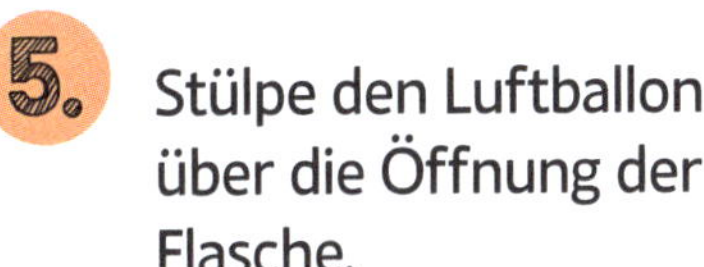

5. Stülpe den Luftballon über die Öffnung der Flasche.

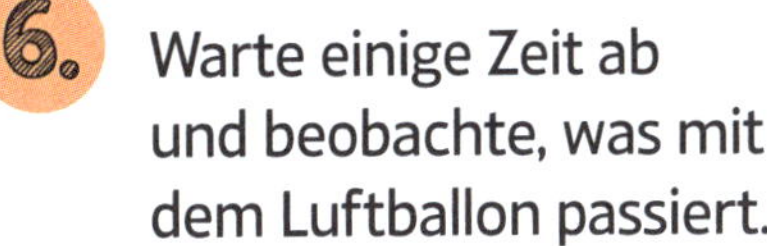

6. Warte einige Zeit ab und beobachte, was mit dem Luftballon passiert.

In der Flasche blubbert es. Der Luftballon wird nach und nach aufgepustet.

Um den Zucker und die Hefe in die Flasche füllen zu können, verwendest du am besten einen Trichter. Diesen kannst du ganz einfach aus einem Blatt Papier selbst basteln, indem du es einrollst und mit Klebeband zusammenklebst.

Das steckt dahinter !

Die Hefe vermischt sich mit dem Wasser und zersetzt den Zucker. Dabei entsteht ein Gas – das Kohlenstoffdioxid. Das Gas steigt in den Luftballon. Dadurch bläht er sich auf.

Schwimmendes Ei

Wenn du ein frisches Ei in ein Glas mit Wasser gibst, sinkt es auf den Boden. Wie kannst du es zum Schwimmen bringen?

Das brauchst du

- 1 Becherglas
- Wasser
- 1 Esslöffel
- Salz
- 1 Ei

Mache dazu diesen Versuch

1. Fülle das Becherglas mit Wasser.
2. Gib mehrere Esslöffel Salz ins Wasser. Rühre gut um. Gib so lange Salz hinzu, bis sich kein Salz mehr auflöst.

3. Lege das Ei auf den Esslöffel und tauche es vorsichtig ins Wasser ein.
4. Beobachte, was mit dem Ei passiert.

Das Ei schwimmt oben im Wasser.

Im Toten Meer befindet sich sehr viel Salz. Daher kann man sich im Toten Meer auf der Wasseroberfläche treiben lassen.

Das steckt dahinter !

Salzwasser ist schwerer als normales Wasser. Das Ei ist leichter als das Salzwasser und schwimmt daher oben im Glas.

Salz und Pfeffer trennen

Das brauchst du

- Salz
- Pfeffer
- 1 Löffel
- 1 Teller
- 1 Luftballon
- Wollschal

Wenn du Salz und Pfeffer miteinander vermischt hast, kannst du sie mit einem einfachen Trick blitzschnell wieder trennen. Alles was du dafür brauchst, ist ein Luftballon.

Mache dazu diesen Versuch

1. Streue etwas Salz und etwas Pfeffer auf einen Teller und vermische beides gut mit einem Löffel.

2. Reibe einen Luftballon an einem Wollschal.

3. Halte ihn dicht über das Salz-Pfeffer-Gemisch.

Die Pfefferkörner werden vom Ballon angezogen und bleiben an ihm kleben. Das Salz bleibt auf dem Teller.

Mit einem elektrisch aufgeladenen Ballon kannst du auch andere Dinge wie Papier- oder Styroporschnipsel anziehen. Und wenn du den Ballon über deine Haare hältst, stehen sie zu Berge!

Das steckt dahinter !

Durch die Reibung am Schal wird der Ballon elektrisch aufgeladen. Dadurch zieht er kleinere Teile an. Die Pfefferkörner sind leichter als die Salzkörner und werden daher vom Ballon angezogen.

Was fällt schneller?

Alles, was du nicht festhältst, fällt auf den Boden. Das liegt an der Schwerkraft. Doch woran liegt es, dass manche Dinge schnell hinunterfallen, während andere hinunterschweben?

Das brauchst du

- 2 Blatt Papier

- Hocker

Mache dazu diesen Versuch

1. Knülle ein Blatt Papier zu einer Kugel.

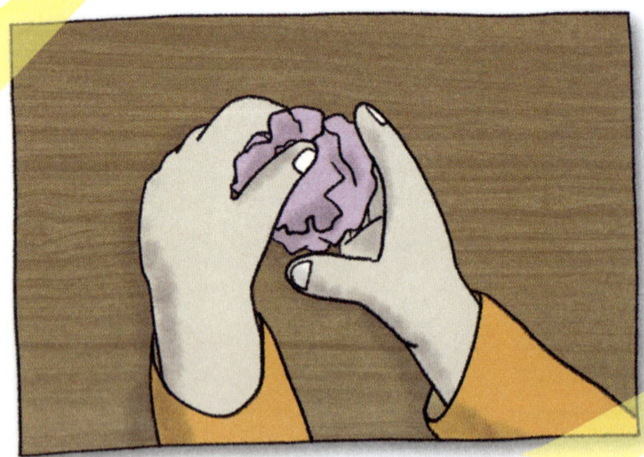

2. Stelle dich auf einen Hocker. Lass dich dabei von einem Erwachsenen beaufsichtigen.
3. Lass von dort die Papierkugel und das Blatt Papier fallen.

Beobachte, was schneller auf dem Boden ankommt.

Die Papierkugel kommt vor dem Blatt auf dem Boden an.

Auf dem Mond ist die Schwerkraft viel geringer. Daher können Astronaut*innen dort größere Sprünge machen als auf der Erde. Mit der gleichen Kraft kann ein Mensch auf dem Mond ungefähr sechsmal so hoch hüpfen wie auf der Erde!

Das steckt dahinter !

Um dich herum ist Luft. Die Luft bremst Gegenstände beim Herunterfallen. Je größer die Fläche des Gegenstandes ist, desto stärker wird dieser abgebremst.

Murmel im Glas

Wenn du auf der Kirmes mit einem Karussel fährst, zum Beispiel mit dem Kettenkarussel, wirst du nach außen gedrückt. Woran liegt das?

Das brauchst du

- 1 Weinglas
- 1 Murmel
- Tisch

Mache dazu diesen Versuch

1. Lege die Murmel auf den Tisch.
2. Stelle das Glas über die Murmel.
3. Bewege das Glas auf der Stelle erst langsam und dann immer schneller im Kreis, sodass sich die Murmel im Kreis bewegt.

4. Bewege das Glas immer schneller und hebe es dabei vom Tisch hoch.
5. Beobachte, was mit der Murmel passiert.

Die Murmel bewegt sich weiter im Kreis. Sie fällt zunächst nicht aus dem Glas heraus.

Fülle einen Eimer mit Wasser. Wenn du ihn am Henkel festhältst und dich im Kreis drehst, fließt das Wasser nicht heraus. Auch hier wirkt die Zentrifugalkraft.

Das steckt dahinter !

Durch das Drehen des Glases entsteht eine Kraft, die sogenannte Zentrifugalkraft. Diese drückt die Murmel im Glas nach außen. Wenn die Zentrifugalkraft stärker als die Schwerkraft ist, fällt die Murmel nicht aus dem Glas heraus.

Bonbonschleuder

Wenn du einen Hebel benutzt, brauchst du weniger Kraft. Baue dir aus einem Lineal und einem Korken eine Schleuder.

Das brauchst du

- 1 Korken
- Messer
- Lineal
- 1 Bonbon
- Tisch

Mache dazu diesen Versuch

1. Schneide den Korken längs in der Mitte durch. Lass dir dabei von einem Erwachsenen helfen.

2. Lege den Korken auf den Tisch.
3. Lege das Lineal darüber. Lass nach hinten eine längere Hälfte überstehen.

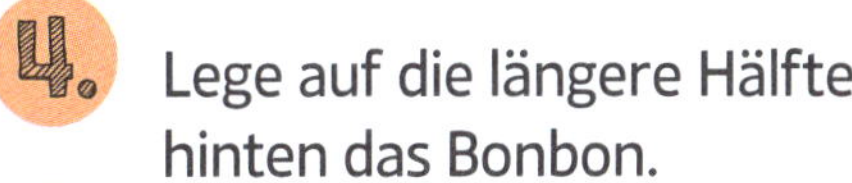

4. Lege auf die längere Hälfte hinten das Bonbon.

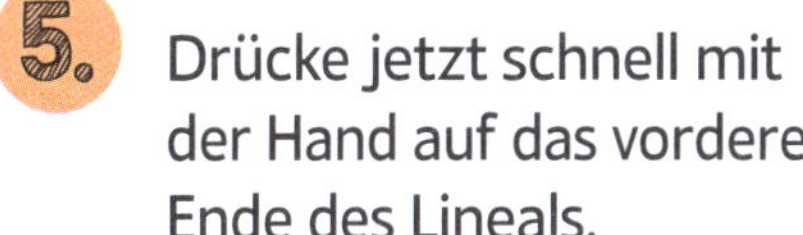

5. Drücke jetzt schnell mit der Hand auf das vordere Ende des Lineals.

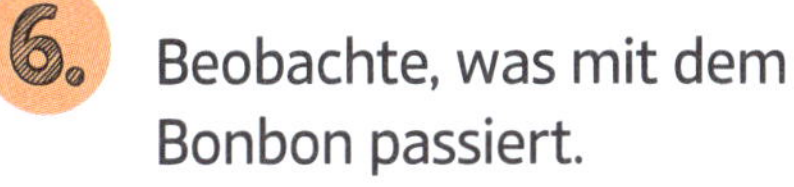

6. Beobachte, was mit dem Bonbon passiert.

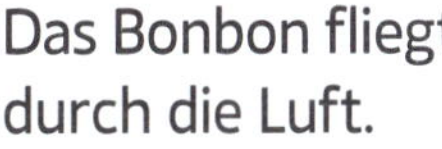

Das Bonbon fliegt durch die Luft.

Probiere aus, wie das Bonbon möglichst weit fliegt. Wie musst du das Lineal über den Korken legen? Wie musst du auf das Lineal drücken, langsam oder schnell? Leicht oder kräftig?

Lösung: Das Stück, auf dem das Bonbon liegt, sollte möglichst lang sein. Du solltest schnell und kräftig auf das Lineal drücken.

Das steckt dahinter !

Das Lineal arbeitet wie ein Hebel. Wenn du vorne auf das Lineal drückst, schnellt das hintere Ende des Lineals nach oben. Durch diese Kraft wird das Bonbon in die Luft geschleudert.

Brücken aus Papier

Es gibt viele verschiedene Brücken. Diese sind so stabil, dass Autos und sogar LKW darüberfahren können. Was macht eine Brücke stabil? Baue eine Brücke aus Papier und finde es heraus!

Das brauchst du

- 2 Holzklötze
- mehrere Blatt Papier
- 1 Spielzeugauto

Mache dazu diesen Versuch

1. Stelle die beiden Bauklötze mit etwas Abstand auf einen Tisch oder auf den Boden.
2. Lege ein Blatt Papier über die beiden Holzklötze.
3. Stelle vorsichtig das Spielzeugauto auf das Papier und beobachte, was passiert.

Knicke das Papier. Du kannst auch mehrere Papiere verwenden. Probiere verschiedene Möglichkeiten aus.

Knicke das Papier wie eine Ziehharmonika.

Knicke das Papier wie ein U.

Rolle mehrere Papiere ein und lege zusätzlich ein Papier unter die Rollen und ein Papier oben auf die Rollen.

Wenn du das Papier über die Bauklötze legst und das Auto daraufstellst, biegt sich das Papier durch und das Auto fällt herunter. Wird das Papier geknickt, kannst du das Auto daraufstellen, ohne dass die Brücke einstürzt.

Es gibt viele verschiedene Brückenarten. Außer der Balkenbrücke, die mehrere Stützpfeiler besitzt, gibt es auch noch Bogenbrücken und Hängebrücken. Welche Brückenarten gibt es in deiner Umgebung?

Das steckt dahinter

Wenn du ein Auto auf eine Brücke aus einem einfachen Papier stellst, wirken von oben Druckkräfte auf das Papier und von unten Zugkräfte. So biegt sich das Papier durch. Bei einer Ziehharmonikabrücke verteilt sich die Belastung in verschiedene Richtungen, die Druckkräfte wirken nicht mehr alle nach unten. Durch Stützpfeiler wird die Tragkraft der Brücke zusätzlich erhöht.

Vorlagen

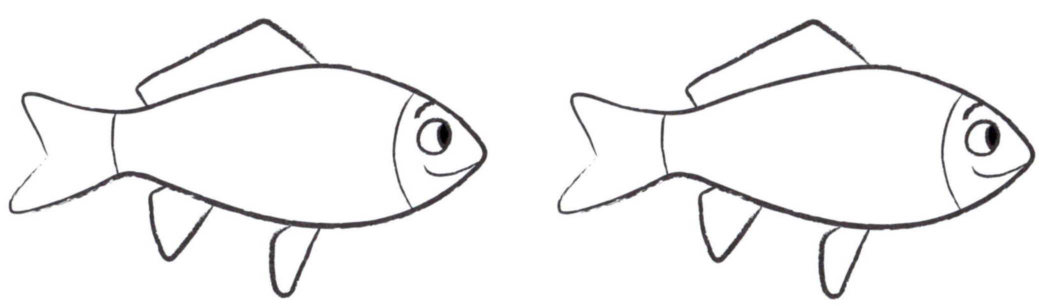

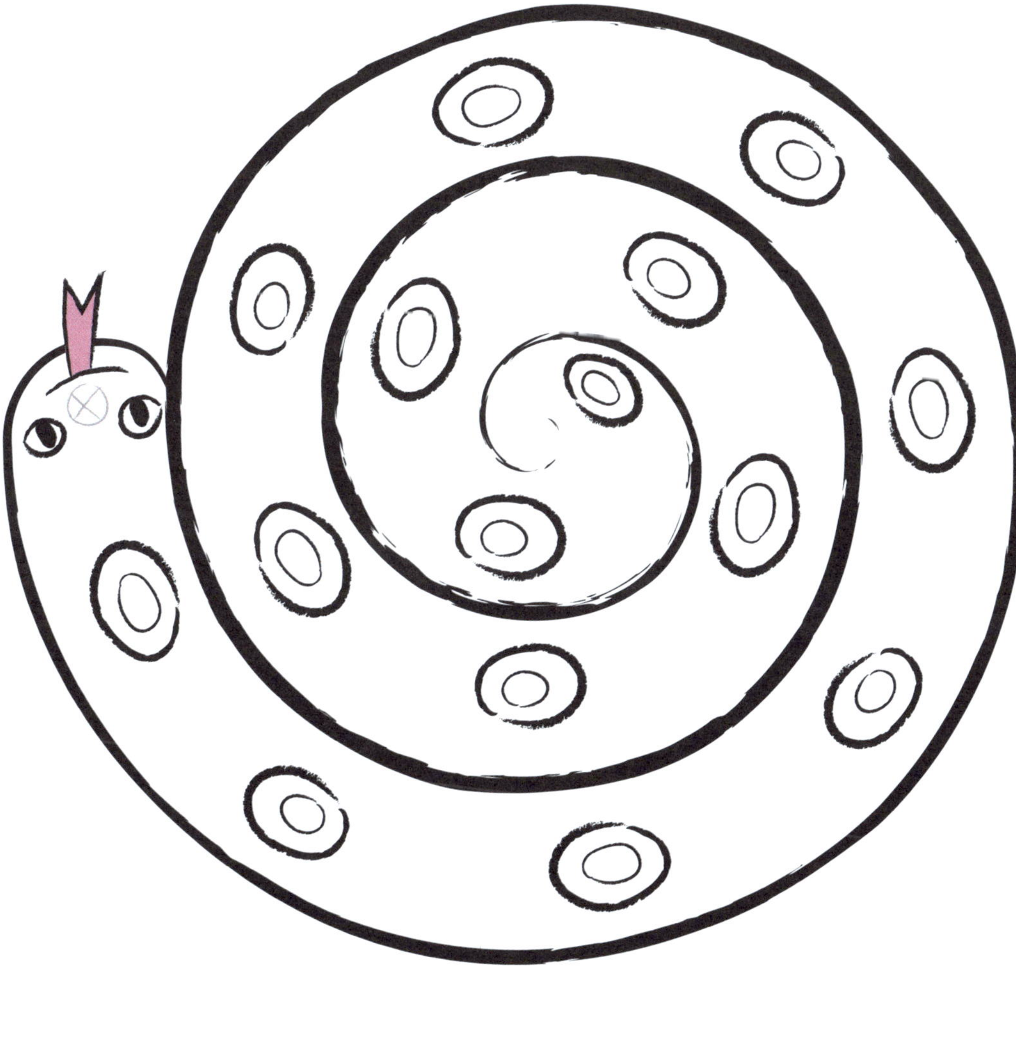

Glossar

aufquellen: Etwas wird größer. Beispielsweise quellen Erbsen durch die Aufnahme von Wasser auf.

ausdehnen: Teile eines Stoffes, zum Beispiel die Luftteilchen, bewegen sich auseinander und brauchen mehr Platz.

Chromatografie: Durch das Hinzugeben von Wasser werden Bestandteile eines Gemisches (zum Beispiel verschiedene Farben) beispielweise auf einem Filterpapier aufgetrennt.

Druckkraft: Kraft, die von oben auf eine Fläche wirkt.

elektrisch aufgeladen: Stoffe bestehen aus kleinen Atomen. Atome sind innen positiv und außen negativ geladen. Normalerweise besitzen die Atome gleich viele positive und negative Ladungen. Durch Reibung können negative Ladungen abgegeben werden. Dadurch lädt der Stoff sich auf und zieht als Folge andere Gegenstände an oder stößt sie ab.

Emulsion: Ein Gemisch aus zwei Flüssigkeiten, die sich normalerweise nicht mischen. Es entsteht beispielsweise beim Rühren. Eine Flüssigkeit bildet dabei kleine Tröpfchen in der anderen Flüssigkeit. Das Gemisch sieht oft milchig aus.

gefrieren: Ein flüssiger Stoff, zum Beispiel Wasser, wird fest.

Grundfarben: Rot, Gelb und Grün. Aus diesen drei Farben lassen sich alle anderen Farben mischen.

Hebel: Eine Stange oder ein Stab, die oder der sich um einen Punkt drehen lässt.

indigo: leuchtendes Blau

Luftdruck: Überall um uns herum ist Luft. Diese Luft hat ein Gewicht und drückt daher auch auf Gegenstände.

Luftstrom: Luftteilchen, die sich in eine bestimmte Richtung bewegen.

Kohlenstoffdioxid: Ein unsichtbares Gas, das aus Sauerstoff und Kohlenstoff besteht. Die Abkürzung ist CO_2.

Kompass: Gerät, mit dem sich die Himmelsrichtung bestimmen lässt. Die Nadel zeigt immer nach Norden.

magnetisieren: Wenn man mehrmals mit einem Magnet über einen Gegenstand (zum Beispiel eine Nadel) in der gleichen Richtung streicht, wird dieser selbst magnetisch. Das funktioniert bei Dingen, die aus Eisen, Kobalt oder Nickel bestehen.

Material: Ein anderes Wort für Werkstoff. Gegenstände können aus verschiedenen Materialien bestehen. Häufige Stoffe sind Papier, Holz, Plastik, Metall, Kork, Glas und Stein.

Moleküle: Bauteilchen, aus denen Stoffe bestehen.

Nährstoffe: Stoffe, die Lebewesen zum Wachsen und Überleben benötigen.

Oberflächenspannung: Im Wasser halten die Wasserteilchen alle zusammen. An der Wasseroberfläche treffen Luft und Wasser aufeinander. Dort ziehen sich die Wasserteilchen gegenseitig besonders stark an, da sie sich nicht an den Luftteilchen festhalten können. Sie bilden eine Art Wasserhaut.

Optische Täuschung: Wir sehen etwas, das in Wirklichkeit anders ist.

Reflexion: Ein Lichtstrahl wird an einer glatten Fläche, zum Beispiel an einem Spiegel, zurückgeworfen.

Schallwellen: Wenn ein Gegenstand, zum Beispiel eine Trommel, in Schwingung versetzt wird, bewegt sich auch die umgebende Luft. Diese Bewegungen sind wellenförmig und werden im Ohr als Geräusch wahrgenommen.

schmelzen: Ein fester Stoff, zum Beispiel Eis, wird flüssig.

Schwerkraft: Kraft, die dafür sorgt, dass auf der Erde alle Gegenstände nach unten fallen.

schwingen: sich hin- und herbewegen

Spektralfarben: Farben, aus denen weißes Licht zusammengesetzt ist.

Strunk: Der feste, innere Teil eines Salatkopfes.

Ton: Schallwellen werden von unseren Ohren aufgenommen, umgewandelt und zum Gehirn weitergeleitet. Schallwellen können unterschiedlich schnell schwingen. Das nehmen wir als unterschiedliche Töne wahr.

Tragkraft: Kraft, die ein Gegenstand aushalten kann.

verdichten: Teilchen schließen sich enger zusammen.

verdunsten: Ein flüssiger Stoff, zum Beispiel Wasser, wird gasförmig.

Zentrifugalkraft: Diese Kraft tritt auf, wenn sich ein Körper schnell dreht oder im Kreis bewegt. Ein Mensch oder Gegenstand, der sich in diesem Körper befindet, wird nach außen gedrückt.

Zugkraft: Kraft, die an einem Körper zieht.

Register